LIBRO DE COCINA DE LA FREIDORA SIN ACEITE

La guia definitiva para comer tus platos favoritos sin sentirte culpable

YASMINA MARTINEZ

TABLA DE CONTENIDOS

RECETAS DE AVES DE CORRAL 46

RECETAS DE POSTRES 113

INTRODUCCION

A Todos nos gusta comer sano y estar en buena salud. Pero, ¿Cuántas veces has deseado esta chuleta a la milanesa frita?

Somos de una generación que creció con hornos tostadores, ver su evolución hacia una notable cocina multifuncional que puede cocinar casi cualquier cosa es una delicia. Poseer y utilizar uno seguramente será aún más emocionante. Y no hay mejor manera de empezar su aventura con su horno tostador con freidora de aire que con un ingenioso libro de recetas que le permita sacar el máximo partido a su nuevo y reluciente aparato.

Las freidoras de aire tienen mucho que ofrecer en cuanto a funcionalidad.

Puede que sean pequeñas, pero tienen un hardware sólido que puede ejecutar incluso las recetas más complicadas.

Desde cocinar alimentos congelados hasta asar un pollo entero y servir una comida completa, las freidoras de aire demuestran que pronto podrán sustituir a la mayoría de sus viejos aparatos de cocina.

Las freidoras de aire actuales son mucho más que una simple freidora con una resistencia.

Son potentes máquinas que pueden hacer de todo, desde asar hasta hornear o chamuscar, todo ello con sólo pulsar un botón y una limpieza mínima.

El libro de cocina de la freidora de aire es la primera guía completa para dominar la fritura de aire en casa. Con recetas fáciles de seguir para cada comida y etapa de la vida, este libro está lleno de consejos, trucos y técnicas de cocina que le ayudarán a sacar el máximo provecho de su freidora de aire.

Es la guía definitiva para dominar la freidora de aire, de los fabricantes de las principales freidoras de aire de Estados Unidos.

La Power Air Fryer 360 es una freidora de modelo americana, pero su funcionalidad es universal, asi que puede utilizar este libro para cualquiera de los modelos de freidora de aire que usted tenga.

Sin duda ninguna, utilizar una freidora de aire es la forma más saludable de cocinar los alimentos.

Cocina los alimentos de manera uniforme y rápida, ahorrando tiempo y energía en la cocina. Es fácil de usar, y aún más fácil para su cartera.

Además, toma la freidora de aire y le añade una función de rotación de 360 grados y le permite cocinar una mayor variedad de alimentos, como su pollo frito favorito o sus patatas fritas. También es ideal para cocinar alimentos más saludables como el pescado y las verduras con menos aceite.

La magia es esta: *ofrece una forma más saludable de cocinar sin dejar de obtener el exterior crujiente que le gusta de los alimentos fritos.* Puede cocinar una amplia gama de alimentos que no son sólo fritos. Funciona muy bien para cocinar filetes, pollo, pescado y verduras a la parrilla. Utiliza una fracción del aceite que se encuentra en la fritura tradicional.

También elimina el desorden de la fritura profunda, como tener que limpiar una olla de aceite caliente después. Lo único que hay que hacer es llenar el fondo con una pequeña cantidad de aceite y luego añadir los alimentos.

En el pasado, para conseguir el sabor crujiente y frito que tanto le gusta, era inevitable tener que freír los alimentos en aceite. Esta freidora ha sustituido los aceites poco saludables en los alimentos, el desorden con el aire ciclónico que rodea los alimentos y los cocina a la perfección jugosa y crujiente.

No sólo puede cocinar, sino también asar y hornear alimentos increíbles como patatas fritas, donuts, calzones y otros. Y lo que es mejor, tiene docenas de ajustes preestablecidos con un solo toque que cocinan automáticamente a la temperatura y durante el tiempo ideal. No se olvide del ajuste de asado que cocina sus aves a la perfección en menos tiempo que en el horno.

Con esta freidora, tendrá la seguridad de disfrutar durante muchos años de los platos principales, aperitivos, postres y otros con mejor sabor. Es muy fácil de usar y de limpiar. *Recomiendo encarecidamente este aparato de cocina a todos los amantes de la comida crujiente.*

CONSEJOS DE USO, LIMPIEZA Y MANTENIMIENTO

Consejos de uso

1. Corta los alimentos en trozos pequeños ya que necesitarán menos tiempo de cocción.
2. Dar la vuelta a los alimentos a mitad del proceso de cocción asegura una cocción uniforme de los mismos.
3. Rocía un poco de aceite sobre los alimentos, como las patatas o la carne, para obtener un resultado más crujiente.
4. Utiliza masas preelaboradas en lugar de caseras para conseguir unos bocadillos rápidos y sencillos.
5. Puedes utilizar una bandeja de horno o un molde colocándolo en la rejilla para cocinar quiches y pasteles.

Limpieza y mantenimiento

Debe limpiar la freidora después de cada uso.

1. Retire el cable de alimentación de la fuente de alimentación y asegúrese de que el aparato se ha enfriado completamente.
2. Utilice un paño húmedo con un poco de detergente suave para limpiar el exterior.
3. Limpie suavemente la puerta con un paño húmedo y agua jabonosa tibia. La unidad nunca debe ser empapada en agua.
4. Elimine los restos de comida con un cepillo no abrasivo si es necesario.
5. Limpie el interior con una esponja no abrasiva, agua caliente y algún detergente suave. Evite restregar los elementos calefactores ya que son frágiles y pueden romperse. Aclare el interior con un paño limpio y húmedo.
6. Los accesorios deben empaparse en agua tibia y jabón y lavarse a mano para poder eliminar fácilmente los restos de comida.
7. Asegúrese de que la unidad y sus componentes están limpios y secos antes de guardarlos en un lugar limpio y seco.

Ahora echemos un vistazo a las funciones preestablecidas de la freidora

Freír al aire

Se trata de un método de cocción por convección rápido y saludable que puede utilizarse para sustituir el engorroso método de cocción por fritura. La fritura por aire es ideal para alimentos empanados con poco o ningún aceite. Cocina los alimentos mediante el calentamiento de la resistencia lateral y utiliza la bandeja de crujientes en la posición 4.

Tostadas

Se utiliza para crujir y dorar el pan por ambos lados. Es una gran opción para panecillos ingleses o barras de pan. Calienta los alimentos con las resistencias superior e inferior y utiliza la rejilla para pizza en la posición 2.

Bagel

Se utiliza para crujir y dorar el pan grueso por ambos lados. También sirve para tostar bagels, gofres congelados y panecillos. Calienta los alimentos con las resistencias superior e inferior y utiliza la rejilla para pizzas en la posición 2.

Pizza

La función es perfecta para cocinar pizza casera. Derrite el queso en la parte superior mientras crujen la masa. Calienta los alimentos con las resistencias superior e inferior y utiliza la rejilla para pizza en la posición 5.

Hornear

Esta función es perfecta para la repostería como pasteles, galletas, tartas y otros. Cocina los alimentos utilizando los elementos superior e inferior y la rejilla para pizzas en la posición 5. También puedes utilizar la bandeja de hornear si lo deseas.

Asar

La función de asar a la parrilla es buena para chamuscar un trozo de carne, fundir el queso en la comida y cocinar sándwiches abiertos. Utiliza la resistencia superior y emplea la bandeja de hornear o la rejilla para pizzas en la posición 1 o 2.

Rostizado

Es perfecto para cocinar un pollo entero. La función cocina los alimentos de manera uniforme y los mantiene crujientes por fuera y jugosos por dentro. Utiliza las resistencias superior e inferior y la rejilla para pizza en la poción 6.

Cocinar a fuego lento

La función cocina los alimentos a baja temperatura durante más tiempo. Es perfecta para cortes de

carne duros. Calienta los alimentos con los elementos superior e inferior y utiliza la rejilla para pizza en la posición 6.

Asado

Perfecto para piezas grandes de aves y otras carnes. La función cocina los alimentos utilizando los elementos superiores e inferiores y utiliza la rejilla para pizza en la posición 5.

Deshidratar

La deshidratación es perfecta para secar frutas, carnes y verduras. Cocina los alimentos por convección a fuego lento. Calienta los alimentos mediante la resistencia superior y utiliza la bandeja de crujientes en las posiciones 1, 4 y 5.

Recalentar

Esta función se utiliza para calentar comidas ya preparadas sin que se cocinen en exceso. Utiliza las resistencias superior e inferior para recalentar los alimentos con la rejilla para pizza en la posición 5.

Cálido

El ajuste de calor mantiene los alimentos a una temperatura cálida segura durante un periodo de tiempo determinado. Calienta los alimentos mediante las resistencias superior e inferior y utiliza la bandeja de crujientes, la rejilla para pizzas o la bandeja de hornear de la poción 5.

Algunos mandos y botones

Mando de control de la temperatura/oscuridad

El mando permite ajustar la temperatura preestablecida y controlar la cantidad de luz durante el tostado o la rosca.

Botón de control de tiempo/rebanadas

El mando permite ajustar el tiempo preestablecido y también seleccionar el número de rebanadas que se desea tostar o de bagel.

Botón de selección de programas

Permite comprobar las opciones preestablecidas y seleccionar una.

Botón de freír al aire

Pulsa el botón para freír con aire los alimentos o activa el ventilador de freír con aire para otras funciones preestablecidas.

Botón de luz

Se utiliza para iluminar el interior del aparato mientras se cocina.

Botón de temperatura

Dispone de unidades de temperatura Fahrenheit y Celsius y puedes elegir el método que prefieras para madurar la temperatura de cocción.

Botón de cancelar

Se utiliza para el proceso de cocción en curso y puede apagar la unidad pulsando durante mucho tiempo. (3 segundos)

Botón de inicio/pausa

Inicia o detiene el proceso de cocción.

APERITIVOS Y SNACKS

RECETAS DE APERITIVOS Y SNACKS

1. Garbanzo asado en seco

Tiempo de preparación: 9 minutos
Tiempo de cocción: 54 minutos
Porciones: 4
Ingredientes
- Lata de 28g. de garbanzos, en conserva
- 2 cucharadas de aceite de oliva
- 1/4 de cucharada de sal
- 1 pizca de pimienta negra

Instrucciones
1. Extiende los garbanzos en una fuente de horno y sécalos con una toalla de papel.
2. Coloque la fuente de horno en la rejilla para pizza de la Power Air Fryer 360 y seleccione el ajuste de horneado. Ajuste la temperatura a 218°C durante 22 minutos. Pulse el botón de inicio.
3. Mezcle los garbanzos con aceite, sal y pimienta y vuelva a colocarlos en la fuente de horno.
4. Continúe horneando durante 22 minutos más.

Nutrición: Calorías: 105 Grasas: 3,2g Proteínas: 3,5g

2. Patatas rojas asadas

Tiempo de preparación: 20 minutos
Tiempo de cocción: 60 minutos
Porciones: 6
Ingredientes
- 60 ml de aceite de oliva
- 907 g de patatas
- 5 tomillos frescos
- 1 pizca de sal
- 1 pizca de pimienta de cayena
- 1/2 pimiento rojo dulce

Instrucciones
1. Verter aceite en una fuente de horno y colocar las patatas en ella. Revuelve las patatas hasta que estén bien cubiertas.
2. Espolvorear el tomillo, la sal, la pimienta y el pimiento.

3. Coloque la fuente de horno en la rejilla para pizza de la Power Air Fryer 360 y seleccione el ajuste de horneado. Ajuste la temperatura a 204°C durante 30 minutos. Pulse el botón de inicio.
4. Cuando el ciclo de cocción haya finalizado, revuelva las patatas para darles la vuelta. Hornee durante 20 minutos más.
5. Dar la vuelta a las patatas una vez más y hornear durante 15 minutos más o hasta que estén uniformemente doradas.
6. Remover una vez más y ajustar los condimentos. Pasar a una fuente y servir.

Nutrición: Calorías: 190 Grasas: 9,3g Proteínas: 3g

3. Patatas fondeadas

Tiempo de preparación: 19 minutos
Tiempo de cocción: 44 minutos
Porciones: 6
Ingredientes
- 3 patatas russet
- 2 cucharadas de aceite vegetal
- Sal y pimienta molida
- 3 cucharadas de mantequilla
- 4 ramitas de tomillo
- 125ml de caldo de pollo

Instrucciones
1. Corta los extremos de las patatas y pélalas de arriba a abajo para hacerlas cilindros. Divida los cilindros por la mitad para hacer 6 cilindros.
2. Lavar las patatas en un recipiente con agua para eliminar el almidón. Secarlas con una toalla de papel.
3. Cocinar las patatas en aceite en una sartén apta para el horno a fuego medio hasta que estén bien doradas. Sazonar las patatas con sal y pimienta.
4. Con una toalla de papel sostenida con pinzas para secar el aceite de la sartén en las patatas.
5. Añadir la mantequilla y el tomillo a la sartén. Pintar la mantequilla sobre la patata

con la ramita de tomillo. Cocinar hasta que la mantequilla se forme y adquiera un color bronceado pálido.

6. Salpimentar si se quiere y añadir el caldo de pollo.

7. Transfiera la sartén a la Power Air Fryer 360 y colóquela en la rejilla para pizza.

8. Seleccione el ajuste de asado. Ajuste la temperatura a 218°C durante 30 minutos. Pulse el botón de inicio.

9. Si las patatas están tiernas, añada más caldo de pollo y áselas durante 10 minutos más. Sírvalas con la mantequilla restante de la sartén.

Nutrición: Calorías: 239 Grasas: 11g Proteínas: 4g

4. Col asada

Tiempo de preparación: 18 minutos
Tiempo de cocción: 24 minutos
Porciones: 4
Ingredientes
- 2 cucharadas de aceite de oliva
- 1/2 cabeza de col
- 1 pizca de ajo en polvo
- 1 pizca de escamas de pimiento rojo
- 1 pizca de sal
- 2 zumo de limón

Instrucciones
1. Partir la col por la mitad y pincelar cada gajo con aceite de oliva.

2. Unte la col con aceite de oliva y luego espolvoree ajo en polvo, escamas de pimienta, sal y pimienta.

3. Coloque la col en la bandeja de horno y coloque la bandeja de horno en la bandeja de pizza en la posición 2.

4. Seleccione el ajuste de asado en la Power Air Fryer 360 y ajuste la temperatura a 232°C durante 15 minutos. Pulse el botón de inicio.

5. Exprime el limón sobre el repollo y sirve.

Nutrición: Calorías: 99 Grasas: 7g Proteínas: 2g

5. Cacahuetes asados

Tiempo de preparación: 9 minutos
Tiempo de cocción: 62 minutos
Porciones: 8

Ingredientes
- 453g de cacahuetes

Instrucciones
1. Disponga los cacahuetes en una bandeja para galletas y coloque la bandeja para galletas en la rejilla para pizzas en la posición del estante 2.

2. Seleccione el ajuste de asado en la Power Air Fryer 360 y ajuste la temperatura a 260°C durante 1 hora. Pulse el botón de inicio.

3. Sirva los cacahuetes calientes.

Nutrición: Calorías: 321 Grasas: 28g Proteínas: 15g

6. Coliflor asada

Tiempo de preparación: 9 minutos
Tiempo de cocción: 54 minutos
Porciones: 8
Ingredientes
- 60g de mantequilla salada
- 1 cucharada de hierba de eneldo
- 1 diente de ajo
- 1 cucharada de cáscara de limón
- 1/2 cucharada de comino
- 1/4 de cucharada de sal
- 1/4 de cucharada de pimienta negra
- 1 cabeza de coliflor

Instrucciones
1. Mezclar la mantequilla, el eneldo, el diente de ajo, la ralladura de limón, el comino, la sal y la pimienta.

2. Corta la cabeza de la coliflor para que quede en posición vertical en la fuente de horno. Extiende la mezcla de mantequilla sobre ella y luego cubre la fuente con papel de aluminio.

3. Coloque la fuente de horno en la rejilla para pizzas de la Power Air Fryer 360.

4. Seleccione el ajuste de asado. Ajuste la temperatura a 176°C durante 1 hora y 15 minutos. Pulse el botón de inicio.

5. Sirva la coliflor con el jugo de coliflor.

Nutrición: Calorías 77 Grasas: 6g Proteínas: 3g

7. Castañas asadas

Tiempo de preparación: 19 minutos
Tiempo de cocción: 34 minutos
Porciones: 8

Ingredientes

- 453g de castañas
- 60g de mantequilla salada
- sal
- Una pizca de canela molida

Instrucciones

1. Corta media pulgada en cada lado plano de la nuez y asegúrate de que la nuez no se agriete.
2. Coloca las nueces en una fuente de horno y pon la fuente en la rejilla para pizzas de la Power Air Fryer 360.
3. Seleccione el ajuste de asado. Ajuste la temperatura a 190°C durante 30 minutos. Pulse el botón de inicio.
4. Cuando el ciclo de cocción haya terminado, coloque las nueces en una sartén con mantequilla y saltéelas a fuego alto.
5. Coloque la sartén en el horno y tueste hasta que las nueces estén doradas. Espolvorear con sal y canela y servir.

Nutrición: Calorías: 217 Grasas: 9g Proteínas: 1g

8. Macarrones con queso de cocción lenta

Tiempo de preparación: 29 minutos
Tiempo de cocción: 2 ½ horas
Porciones: 8

Ingredientes

- 227g de queso fontina rallado
- 113g de queso provolone rallado
- 113g de Queso Parmigiano-Reggiano rallado
- 3 cucharadas de mantequilla
- 340g de pasta ditalini
- 375ml de leche
- Lata de 227ml. de leche evaporada
- 1 cucharada de sal
- 1/2 cucharada de pimienta negra molida
- 2 cucharadas de perejil picado
- 63g de pan rallado panko

Instrucciones

1. En un bol, mezclar todo el queso. Reservar 119g de la mezcla de queso.
2. Engrasar la cazuela con mantequilla. Añadir la mantequilla, la pasta, la mezcla de queso, la leche, la leche evaporada, la sal y la pimienta.
3. Esparcir el perejil por encima y luego añadir la mezcla de queso reservada y por último el pan rallado.
4. Coloque la cazuela en la rejilla para pizzas de la posición 6 del estante de la Power Air Fryer 360.
5. Seleccione el ajuste de cocción lenta. Ajuste la temperatura a 135°C durante 3 horas. Pulse el botón de inicio.
6. Sirva y disfrute.

Nutrición: Calorías: 165 Grasas: 2,4g Proteínas: 4g

9. Puré de patatas

Tiempo de preparación: 19 minutos
Tiempo de cocción: 2 ½ horas
Porciones: 8

Ingredientes

- 2.2Kg de patatas rojas
- 1 cucharada de ajo
- 3 cubos de caldo de pollo
- 227g. de crema agria
- 227g. de queso crema
- 119g de mantequilla salada
- 1/4 de cucharada de sal

Instrucciones

1. En una olla a fuego medio, añadir agua hirviendo con sal. Cocer las patatas, el ajo y el caldo de pollo hasta que las patatas estén tiernas.
2. Escurrir el jugo de las patatas y conservarlo.
3. En un cuenco, triturar las patatas con la crema agria, el queso crema y el jugo reservado hasta conseguir la condición deseada.
4. Transfiera la mezcla de puré de patatas a una cazuela y coloque la cazuela en la rejilla para pizzas de la Power Air Fryer 360.
5. Seleccione el ajuste de cocción lenta. Ajuste la temperatura a 121°C durante 3 horas. Pulse el botón de inicio.

6. Sazone con sal y pimienta antes de servir.

Nutrición: Calorías: 470 Grasas: 28g Proteínas: 9g

10. Pudín de pan cocido a fuego lento

Tiempo de preparación: 19 minutos
Tiempo de cocción: 2 ½ horas
Porciones: 8

Ingredientes
- 600g de pan, cortado en cubos
- 168g de pasas
- 500ml de leche
- 4 huevos
- 60g de mantequilla derretida
- 62g de azúcar blanco
- 1/2 cucharada de extracto de vainilla
- 1/4 de cucharada de nuez moscada

Instrucciones
1. Colocar el pan y las pasas en una fuente de horno engrasada.
2. En un recipiente, bata la leche, los huevos, la mantequilla, el azúcar, la vainilla y la nuez moscada hasta que estén bien mezclados.
3. Verter la mezcla sobre el pan. Remover para cubrir bien.
4. Coloque la bandeja de hornear en la rejilla para pizza en la posición 5 del estante de la Power Air Fryer 360.
5. Seleccione el ajuste de cocción lenta. Ajuste la temperatura a 1510°C durante 3 horas. Pulse el botón de inicio.
6. Sirva.

Nutrición: Calorías: 396 Grasas: 14g Proteínas: 11g

11. Banana Foster

Tiempo de preparación: 9 minutos
Tiempo de cocción: 2 horas
Porciones: 4

Ingredientes
- 4 plátanos
- 4 cucharadas de mantequilla salada
- 212g de azúcar moreno
- 60ml de ron
- 1 cucharada de extracto de vainilla

- 1/2 cucharada de canela molida
- 19g de carne de coco, sin endulzar y seca
- 32g de nueces

Instrucciones
1. Disponer los plátanos en la base de la fuente de horno.
2. En un bol, mezclar la mantequilla, el azúcar, el ron, la vainilla y la canela. Vierta la mezcla sobre los plátanos.
3. Coloque la fuente de horno sobre la rejilla para pizza en la posición 6 de la Power Air Fryer 360 y seleccione el ajuste de cocción lenta. Ajuste la temperatura a 135°C durante 2 horas. Pulse el botón de inicio.
4. Durante los últimos 30 minutos de cocción, cubra los plátanos con la carne de coco y las nueces.
5. Disfrute.

Nutrición: Calorías: 539 Grasas: 21g Proteínas: 3g

12. Pudín de tapioca

Tiempo de preparación: 9 minutos
Tiempo de cocción: 3 horas
Porciones: 8

Ingredientes
- 1 Litro de leche
- 141g de azúcar granulado
- 60g de Bascom Imported Gran
- 2 huevos

Instrucciones
1. Mezclar la leche, el azúcar, la tapioca y los huevos en un bol y verter la mezcla en una cazuela.
2. Coloque la cazuela en la rejilla para pizza de la Power Air Fryer 360 y seleccione el ajuste de cocción lenta. Ajuste la temperatura a 121°F durante 3 horas. Pulse el botón de inicio.
3. Remueva ocasionalmente durante el ciclo de cocción.
4. Sirva el pudín cuando esté caliente.

Nutrición: Calorías: 190 Grasas: 5g Proteínas: 7g

13. Tarta de limón y semillas de amapola

Tiempo de preparación: 39 minutos
Tiempo de cocción: 60 minutos

Porciones: 8

Ingredientes

- 3 cucharadas de leche de coco
- 3 huevos
- 2 cucharadas de extracto de vainilla
- 187g de harina de pastel, tamizada
- 159g de azúcar
- 3/4 de cucharada de bicarbonato de sodio
- 1/4 de cucharadita de sal
- 12 cucharadas de mantequilla ablandada
- 3 cucharadas de semillas de amapola
- 1 cucharada de ralladura de limón

Instrucciones

1. En un bol, mezclar la leche, los huevos y la vainilla hasta que estén bien mezclados.
2. En otro recipiente, mezclar los ingredientes secos.
3. Añadir la mantequilla y la mitad de la mezcla de leche de coco a los ingredientes secos. Utilizar una batidora de mano para mezclar hasta que estén bien combinados.
4. Raspar los lados y añadir la mezcla de leche de coco restante junto con las semillas de amapola y la ralladura de limón.
5. Vierta la masa en el molde para pan y luego coloque el molde para pan en la rejilla para pizza de la Air fryer 360.
6. Seleccione la opción de horneado y ajuste la temperatura a 182°C durante 1 hora y 15 minutos. Pulse el botón de inicio.
7. Cubra el pastel con papel de aluminio cuando empiece a dorarse antes de que esté completamente cocido.

Nutrición: Calorías: 165 Grasas: 2,4g Proteínas: 4g

14. Tarta de café

Tiempo de preparación: 19 minutos
Tiempo de cocción: 24 minutos
Porciones: 12

Ingredientes

- 119g de mantequilla sin sal
- 250g de azúcar
- 2 cucharadas de extracto de vainilla
- 2 huevos
- 130g de crema agria
- 125ml de suero de leche
- 250g de harina para todo uso
- 1 cucharada de polvo de hornear
- 1/2 cucharada de sal
- 125g de harina para hornear sin gluten
- 106g de azúcar moreno
- 2 cucharadas de azúcar granulada
- 1/8 de cucharada de sal
- 2 cucharadas de canela
- 79g de mantequilla sin sal

Instrucciones

1. Rocía un molde para hornear con aceite en aerosol.
2. En un cuenco, añadir la mantequilla, el azúcar y la vainilla. Mézclelos con una batidora de mano hasta que esté suave.
3. Añadir los huevos, la crema agria y el suero de leche y seguir batiendo hasta que quede esponjoso.
4. Tamizar la harina, la levadura en polvo y la sal en el bol. Mezclar a baja velocidad mientras se raspan los lados con una espátula de goma.
5. Vierta la masa en el molde y utilice la espátula para alisar la parte superior.
6. Añada la harina, el azúcar, el azúcar granulado, la canela y la sal en un bol. Mezclar con un tenedor. Rocíe la mantequilla derretida y siga mezclando hasta que la mezcla forme migas.
7. Espolvorear las migas sobre la masa del pastel. Coloque el molde para pasteles en la rejilla para pizza de la Power Air Fryer 360.
8. Seleccione el ajuste de horneado. Ajuste la temperatura a 176°C durante 45 minutos. Pulse el botón de inicio.
9. Inserte un palillo para comprobar si el pastel está bien cocido. Sirva cuando se haya enfriado.

Nutrición: Calorías: 260 Grasas: 16g Proteínas: 2g

15. Espárragos envueltos en tocino

Tiempo de preparación: 9 minutos
Tiempo de cocción: 27 minutos
Porciones: 5

Ingredientes

- 10 espárragos
- 1/8 de pimienta negra
- 5 tiras de tocino

Instrucciones

1. Coloca los espárragos en un papel encerado y luego corta el tocino en mitades.
2. Envuelve un trozo de bacon alrededor de cada espárrago y luego fíjalo con un palillo. Espolvorea pimienta negra y asegúrate de que quede uniformemente cubierto.
3. Coloca los espárragos en la bandeja de crujientes y luego deslízalos en la posición de bandeja 4 de la Power Air Fryer 360.
4. Seleccione el ajuste de freír con aire y fije la temperatura en 204°C durante 15 minutos. Pulse el botón de inicio.
5. El bacon debe estar crujiente. Retire el palillo antes de servir. Disfrute.

Nutrición: Calorías: 109 Grasas: 8g Proteínas: 7g

16. Dumpling de manzana del campo

Tiempo de preparación: 9 minutos
Tiempo de cocción: 61 minutos
Porciones: 16

Ingredientes

- 2 manzanas Granny Smith, peladas
- Latas de 10 onzas (283g) de masa de rollo de media luna
- 239g de mantequilla salada
- 169g de azúcar granulada
- 1 cucharada de canela molida
- 12 oz (340ml). de botella de refresco Mountain Dew PCO

Instrucciones

1. Cortar cada manzana en 8 trozos y reservar.
2. Separe la masa en triángulos y envuelva cada trozo de manzana con la masa empezando por la parte inferior. Sellar pellizcando con las manos y colocar en una fuente de horno.
3. Mientras tanto, derrita la mantequilla en un cazo a fuego medio. Remover con la canela y el azúcar.

4. Verter sobre la bola de masa seguido del Mountain Dew.
5. Coloca la bandeja de horno en la rejilla para pizza de la Power Air Fryer 360.
6. Seleccione el ajuste de horneado y luego ajuste la temperatura a 176°C durante 45 minutos. Pulse el botón de inicio.
7. Cocine hasta que se dore. Servir.

Nutrición: Calorías: 333 Grasas: 19g Proteínas: 3g

17. Chips de boniato a la canela

Tiempo de preparación: 9 minutos
Tiempo de cocción: 28 minutos
Porciones: 4

Ingredientes

- 2 batatas crudas
- 1 cucharada de mantequilla salada
- 1/2 cucharada de sal
- 2 cucharadas de azúcar moreno
- 1/2 cucharada de canela molida

Instrucciones

1. Situar las rodajas de boniato en una sola capa en una bandeja de horno.
2. En un bol, mezclar la mantequilla, la sal, el azúcar y la canela. Pincelar la mezcla sobre las rodajas de boniato.
3. Coloque la bandeja de horno en la rejilla para pizza y seleccione la opción de hornear. Ajuste la temperatura a 204°C durante 25 minutos. Pulse el botón de inicio.
4. Cocine hasta que esté crujiente. Sirva inmediatamente.

Nutrición: Calorías: 157 Grasas: 2,4g Proteínas: 2,3g

18. Zanahorias al horno Chips

Tiempo de preparación: 29 minutos
Tiempo de cocción: 34 minutos
Porciones: 9

Ingredientes

- 907g de zanahorias
- 60ml de aceite de oliva
- 1 cucharada de sal

- 1 cucharada de comino molido
- 1 cucharada de canela molida

Instrucciones

1. Forrar una bandeja para hornear con papel pergamino. Colócalo a un lado.
2. Recorte la parte superior de las zanahorias y luego córtelas en rodajas finas.
3. Colocar las rodajas de zanahoria en un bol y añadir aceite de oliva, sal, comino y canela. Mezclar hasta que estén bien cubiertas.
4. Coloque las rodajas en la bandeja de hornear y coloque la bandeja de hornear en la rejilla para pizza de la Power Air Fryer 360.
5. Seleccione el ajuste de horneado. Ajuste la temperatura a 218°C durante 15 minutos. Pulse el botón de inicio.
6. Las patatas fritas deben estar doradas y los bordes curvados.

Nutrición: Calorías: 107 Grasas: 7g Proteínas: 1g

19.   Panecillos de máquina

Tiempo de preparación: 27 minutos
Tiempo de cocción: 37 minutos
Porciones: 6
Ingredientes

- 250ml de agua
- 1-1/2 cucharada de sal
- 2 cucharadas de azúcar
- 375g de harina de trigo
- 2-1/4 cucharadas de levadura
- 3 cuartos de agua
- 3 cucharadas de azúcar granulada
- 1 cucharada de harina de maíz
- 1 huevo
- 3 cucharadas de semillas de amapola

Instrucciones

1. Coloque el agua, el azúcar, la sal, la harina y la levadura en la máquina de pan. Seleccione la configuración de la masa.
2. Dejar reposar la masa en una superficie enharinada.
3. Mientras tanto, ponga a hervir el agua y remuévala con el azúcar. Cortar la masa en nueve trozos y hacer una bola con cada uno de ellos.

4. Aplanar y hacer un agujero en la bola con las manos. Tapar los bagels y dejarlos reposar durante 10 minutos.
5. Espolvorear harina de maíz en una bandeja para hornear y luego transferir los bagels al agua hirviendo. Deja hervir durante 1 minuto y luego escúrrelos en una toalla de papel limpia.
6. Disponer los bagels en una bandeja de horno y luego glasearlos con huevo y espolvorear semillas de amapola.
7. Coloque la bandeja de horno en la rejilla para pizza de la Power Air Fryer 360 y seleccione el ajuste de horneado. Ajuste la temperatura a 190°C durante 25 minutos. Pulse el botón de inicio.
8. Los bagels deben estar bien dorados y cocidos.

Nutrición: Calorías: 50 Grasas: 1,3g Proteínas: 1,4g

20.   Bagel de pan y queso

Tiempo de preparación: 11 minutos
Tiempo de cocción: 44 minutos
Porciones: 12
Ingredientes

- 227 de carne de cerdo
- 37g de cebollas crudas
- 3 panecillos
- 248g de queso cheddar
- 12 huevos
- 500ml de leche, reducida en grasa
- 2 cucharadas de perejil
- 1/4 de cucharada de pimienta negra
- 47g de queso parmesano rallado

Instrucciones

1. Cocinar el tocino y la cebolla en una sartén antiadherente a fuego medio hasta que estén bien dorados. Escurrir y reservar.
2. Corta el bagel en 6 rebanadas y colócalas en una fuente de horno engrasada. Cubra los bagels con la mezcla de tocino y cebolla y luego cubra con queso.
3. En un bol, bata los huevos, la leche, el perejil y la pimienta. Vierta la mezcla de

huevos sobre los bagels y refrigere toda la noche tapados.

4. Coloque la bandeja para hornear en la rejilla para pizza de la Power Air Fryer 360 y seleccione el ajuste de horneado. Ajuste la temperatura a 204°C durante 30 minutos. Pulse el botón de inicio.
5. Espolvoree el queso parmesano y sirva cuando esté caliente. Disfrute.

Nutrición: Calorías: 249 Grasas: 13,5g Proteínas: 17g

21. Brócoli frito al aire al estilo siciliano

Tiempo de preparación: 11 minutos
Tiempo de cocción: 34 minutos
Porciones: 4
Ingredientes:

- 680g de ramilletes de brócoli recortados
- 3 cucharadas de aceite de oliva y más para rociar si se desea
- 1/2 cucharadita de sal marina fina y más al gusto
- 1/2 cebolla mediana, cortada en juliana
- 1/2 cucharadita de pimienta roja triturada y más para decorar
- 1 cucharada de ajo picado
- 47g de aceitunas Kalamata sin hueso picadas o en rodajas
- 1 cucharada de alcaparras escurridas
- 2 filetes de anchoa, finamente picados
- 1 limón, exprimido y pelado
- 2 cucharadas de queso pecorino o parmesano rallado, para decorar
- 56g de pasas doradas

Instrucciones

1. Llevar tres cuartas partes de una cacerola grande llena de agua a ebullición a fuego alto. Añadir los ramilletes de brócoli y cocerlos durante dos minutos. Escurrir y pasar el brócoli a una fuente amplia.
2. Incorporar el aceite de oliva, el ajo, la cebolla cortada en juliana, el pimiento rojo triturado y 1/2 cucharadita de sal. En la bandeja del horno, ponga la mitad del brócoli y colóquelo en la ranura 5 de su

Power Air Fryer 360. Ajuste la unidad a 218 grados C para asar.

3. Utiliza 12 minutos para programar el reloj. Cocine hasta que las rodajas de cebolla estén suavemente doradas y el brócoli esté crujiente y tierno. Pasar el brócoli a una fuente amplia y repetir la operación con el otro brócoli.
4. Para mezclar, añadir las aceitunas, las alcaparras, las anchoas, las pasas y 1 cucharada de zumo de limón y mezclar. Si es necesario, probar y aplicar más sal y zumo de limón. Adorne con la ralladura de limón, el parmesano y la pimienta roja molida espolvoreada. Si es necesario, rocíalo con más aceite de oliva.
5. Sírvelo caliente.

Nutrición: Calorías 52 Grasas 1g Proteínas 4g

22. Hamburguesas rellenas de queso azul

Tiempo de preparación: 9 minutos
Tiempo de cocción: 30 minutos
Porciones: 4
Ingredientes:

- 907g de carne picada
- 1 cucharadita de sal
- 2 cucharadas de salsa Worcestershire
- 1/2 cucharadita de pimienta negra molida
- 8 cucharadas de queso azul desmenuzado
- 4 rebanadas de tocino, picado y cocido
- 60g de mantequilla, ablandada
- 8 rodajas de tomate
- 4 rodajas de cebolla roja
- 4 panecillos de brioche
- 4 hojas de lechuga Bibb

Instrucciones

1. Incorporar la carne picada, la sal, la salsa Worcestershire y la pimienta negra.
2. Dividir cuatro bolas de la mezcla de carne y dividir cada bola por la mitad.
3. En la mesa, presione la carne hacia abajo. Con el bacon y también 2 cucharaditas de queso azul por sándwich, rellenar la mitad de la carne y terminar con la carne sin rellenar. Los lados de las hamburguesas se sellan.

4. Deslice en la posición de estante nº 2 el estante para pizza. Coloque las hamburguesas en su estante de pizza.
5. Durante 18 minutos, gire el botón de selección de programa a su ajuste de Air Fry (unos 205 grados C). Para comenzar el periodo de cocción, pulse el botón de Inicio/Pausa.
6. Cuando haya terminado de cocinar las hamburguesas, retírelas de su bandeja para pizza y apártelas.
7. Corte en la posición de la bandeja1 el estante de la pizza. Unte con mantequilla sus panecillos de brioche y póngalos, con el lado enmantecado hacia arriba, en el estante para pizza.
8. Gire el mando de selección de programas durante 10 minutos hasta el ajuste de asado (205 grados C). Para comenzar el periodo de cocción, pulse el botón Inicio/Pausa. Asa los bollos hasta que estén dorados. A continuación, con la carne, la lechuga, los tomates y las cebollas rojas, corte los panecillos y disponga las hamburguesas.

Nutrición: Calorías 316 Grasas 21g Proteínas 28g

23. Champiñones al horno rellenos de carne de cangrejo Imperial

Tiempo de preparación: 9 minutos
Tiempo de cocción: 27 minutos
Porciones: 8
Ingredientes:
- 243g de mayonesa
- 1 cucharadita de zumo de limón fresco
- 1 cucharada de mostaza de Dijon
- 1/2 cucharadita de salsa de pimiento rojo picante
- 1/4 cucharadita de sal
- 1/2 cucharadita de salsa Worcestershire
- 1/8 de cucharadita de cayena
- 19g de pimientos
- 1 cucharada de mantequilla
- 19g de apio finamente picado
- 2 cucharadas de cebollas verdes picadas
- 19g de cebollas rojas finamente picadas
- 1 cucharadita de ajo picado

- 1 cucharadita de eneldo fresco picado
- 1 cucharada de perejil fresco picado
- 453g de carne de cangrejo en trozos que se ha recogido para eliminar cualquier cartílago
- Cebollino fresco, para decorar
- 124g de parmesano
Con los champiñones Portobello
- 6 champiñones Portobello grandes, sin los tallos y limpios
- Sal y pimienta negra recién molida
- 60ml de aceite de oliva
Con champiñones cremini
- 36 champiñones cremini, sin los tallos y limpios
Instrucciones
1. 182 a 204 grados C. Precaliente la Power Air Fryer.
2. Mezcle la mostaza, la mayonesa, el zumo de limón, el Worcestershire, la salsa de pimienta, la sal y la cayena en un plato ancho. Remover hasta que se combinen bien y reservar.
3. Calentar la mantequilla en una sartén mediana a fuego medio-alto. Añada el apio, los pimientos y las cebollas rojas, y cocine durante unos 2 minutos, removiendo, hasta que se marchiten. Añadir el ajo y las cebollas verdes y cocinar durante 30 segundos, removiendo. Retirar y dejar enfriar del fuego. Una vez frío, aplique el perejil y el eneldo a la mezcla de mayonesa y remueva hasta que se mezcle. Envuelva la carne de cangrejo suavemente en ella.
4. Rellene cada tapa de champiñón con alrededor de 1 cucharada de la mezcla imperial de carne de cangrejo mientras utiliza los champiñones cremini. Colocar y espolvorear con el queso parmesano en la bandeja del horno. Hornee hasta que se caliente y haga burbujas por encima (de 8 a 10 minutos) en la posición de la bandeja nº 5.
5. Si se utilizan champiñones portobello, cortar las branquias de la parte inferior de los champiñones con un cuchillo de pelar y retirarlas. Engrasar suavemente ambos lados con aceite de oliva y salpimentar ligeramente el recubrimiento. Colocar en

una bandeja de horno y hornear durante unos 10 minutos, hasta que estén tiernos. Sacar del horno y repartir la mezcla imperial de carne de cangrejo entre los sombreros de los champiñones cuando estén lo suficientemente fríos como para poder manejarlos, y espolvorear con queso. Hornear de 10 a 12 minutos, antes de que la mezcla esté cocida y burbujeante por encima.

6. Sácalo del horno y ponlo en un plato.

Nutrición: Calorías 56 Grasas 3,9g Hidratos de carbono 2,4g

24. Gougeres rellenas de mousse de jamón

Tiempo de preparación: 11 minutos
Tiempo de cocción: 30 minutos
Porciones: 12
Ingredientes:
- 250ml de leche
- 1/2 cucharadita de sal
- 4 cucharadas de mantequilla sin sal
- 1/4 de cucharadita de pimienta de cayena
- 4 huevos grandes, a temperatura ambiente
- 125g de harina para todo uso
- Mousse de jamón
- 145g de Gruyere rallado

Instrucciones
1. Precaliente el horno a 204°C.
2. Llevar a ebullición la sal, la mantequilla, la leche y la cayena en una cacerola grande de fondo grueso. Retirar del fuego.
3. Incorporar la harina a la vez y remover enérgicamente, durante un minuto aproximadamente, con una cuchara de madera para que se integre. Volver a poner la mezcla al fuego y remover hasta que la masa se espese y se haga una bola. Apagar el fuego y añadir 1 huevo cada vez, removiendo bien después de añadir cada uno. Remueva hasta que tenga una masa satinada. Incorpore un poco de queso y mezcle hasta que la masa sea densa y gran parte del queso se haya derretido. Pasar a una manga pastelera provista de una punta mediana lisa.

4. Colocar la masa en las hojas preparadas en forma de pequeños montículos. Hornear en el horno o en la Power Air Fryer 360 hasta que se doren y se inflen unas 3 veces su tamaño original, 20-25 minutos en el horno o 10-12 minutos en la posición del estante nº 5 de la Power Air Fryer 360. Para evitar que se desinflen, no abra la puerta del horno durante los primeros 10-15 minutos.
5. Saca del horno y deja que se enfríen un poco.
6. Corta la parte superior de cada gougere con un cuchillo de pelar, manteniéndola parcialmente fijada o eliminada. En el centro de cada gouger, vierta aproximadamente una cucharadita y media de la mousse y vuelva a colocar la parte superior.
7. Colocar las gougeres rellenas de mousse en un plato.

Nutrición: Calorías 63 Grasas 29g Proteínas 19g

25. Camarones Freídos al Aire con Ajo

Tiempo de preparación: 12 minutos
Tiempo de cocción: 20 minutos
Porciones: 4
Ingredientes:
- 907g de camarones medianos, desvenados y pelados
- 1/2 cucharadita de pimienta de cayena
- 1/2 cucharadita de sal kosher
- 2 cucharadas de aceite de oliva
- 2 cucharadas de ajo picado
- 2 cucharadas de mantequilla
- 60ml de vino blanco seco
- 1 cucharadita de ralladura de limón
- 1 cucharadita de romero fresco y picado
- 2 cucharadas de crema de leche
- 1 cucharadita de salsa Worcestershire

Instrucciones
1. Mezclar las gambas con la cayena, la sal y el aceite de oliva en una fuente mediana.
2. Añada el ajo y la mantequilla en la sartén de la Air Fryer ajustada a 188 grados C y cocine durante 3 minutos. Añada el vino, la

ralladura de limón, la nata, el romero y el Worcestershire, y continúe cocinando durante otros 3-4 minutos a 188º C. Añada las gambas y proceda a cocinar durante 5-7 minutos más o hasta que las gambas estén cocidas y opacas.

3. Con una rebanada de pan crujiente, comer inmediatamente.

Nutrición: Calorías 228 Proteínas 46g Grasas 3g

26. Frijoles verdes fritos con salsa de ajo y limón

Tiempo de preparación: 9 minutos
Tiempo de cocción: 10 minutos
Porciones: 4
Ingredientes:
- 62g de harina
- 126g de pan rallado
- 2 huevos
- 2 cucharadas de especias para ennegrecer
- 243g de mayonesa
- 453g de judías verdes
- 1 diente de ajo
- 2 cucharadas de perejil
- Zumo de 1/2 lima

Instrucciones
1. En un bol pequeño, añadir la harina.
2. En otro bol poco profundo, batir los huevos.
3. Combinar los ingredientes para la mezcla de pan rallado en un tercer bol pequeño.
4. Pasar las judías verdes por el arroz, luego por los huevos y después por la mezcla de pan rallado.
5. En dos rejillas Air Flow, pon las judías verdes empanadas. Coloque las rejillas en los estantes inferior y medio del horno Power Air Fryer.
6. Ajuste el periodo de cocción a 10 minutos y pulse el botón de encendido y luego el botón de patatas fritas (a unos 204 °C). A la mitad del tiempo de cocción gire las rejillas (5 minutos).
7. En un tazón pequeño, combine los ingredientes de su salsa y únalos.
8. Utilice el dip para servir las judías verdes.

Nutrición: Calorías 123 Proteínas 5g Grasas 4g

27. Envolturas de carne coreana

Tiempo de preparación: 19 minutos
Tiempo de cocción: 10 minutos
Porciones: 4
Ingredientes:
- 125ml de salsa de soja baja en sodio
- 1 cucharada de azúcar moreno
- 2 cucharadas de zumo de naranja fresco
- 1 cucharada de copos de pimienta roja
- 1 cucharada de jengibre picado
- 1 cucharada de ajo picado
- Partes blancas de 1 manojo de cebollas
- 453g de solomillo
- 2 cucharaditas de aceite de sésamo caliente
- 2 cucharadas de semillas de sésamo tostadas
- Kimchi
- Arroz blanco al vapor
- Lechuga romana o corazones de lechuga

Instrucciones
1. En un bol mediano, mezcle el zumo de naranja, las cebolletas blancas, la salsa de soja, el azúcar moreno, el ajo, el jengibre, las escamas de pimienta roja y el aceite de sésamo y mézclelo. A continuación, añada el bistec y cúbralo con una batidora.
2. Deja marinar el bistec en el frigorífico en una tarrina durante al menos 4 horas.
3. Mueva el filete a la bandeja de crispar y a la bandeja de hornear hasta que el filete termine de marinarse. Colóquelo en la posición nº 1 de la rejilla para pizzas. Coloque la rejilla para pizzas encima de la bandeja para hornear. Deslice la Bandeja para Crispar en la Posición 2 del Estante. Ajuste la posición Air Fry (400° F/205° C). Cambie el tiempo de cocción a unos 10 minutos. Para comenzar el periodo de cocción, pulse el botón de inicio.
4. Si lo desea, sirva el kimchi, la carne, el arroz y la pasta de miso cubiertos de lechuga o de sus guarniciones favoritas de Corea.

Nutrición: Calorías 441 Grasas 15,4g Proteínas 19,8g

28. Pizza de setas y manchego

Tiempo de preparación: 14 minutos
Tiempo de cocción: 30 minutos
Porciones: 2
Ingredientes:

- 226g de setas silvestres
- Sal
- 1 cucharada de aceite de oliva
- Pimienta fresca molida
- 125ml de salsa blanca de ajo asado comprada en la tienda
- 453g de masa de pizza de sémola
- 4 rebanadas de prosciutto, jamón español o cualquier otro embutido en lonchas finas
- Aceite de trufa
- 4 lonchas de queso manchego

Instrucciones

1. En un recipiente de tamaño mediano, añada los champiñones, la sal, el aceite de oliva y la pimienta negra y mezcle. A continuación, esparza los champiñones sobre la bandeja del horno en una sola hoja.
2. Coloque en la posición n° 1 de la rejilla para pizzas. Coloque la rejilla para pizzas encima de la bandeja de hornear. Seleccione el ajuste Air fry (204 °C). Ajuste el tiempo de cocción a unos 10 minutos. Para iniciar el periodo de cocción, pulse el botón de inicio. Revuelva la mezcla después de la mitad del tiempo de cocción (5 minutos).
3. Retire y reserve los champiñones hasta que finalice el periodo de cocción.
4. Divida la masa en dos partes separadas. Espolvorear suavemente una superficie de trabajo con harina. Sobre la superficie de trabajo, voltear la masa y enrollar cada pieza en redondeles de 8 pulgadas.
5. Colocar una pizza en la bandeja de crispar. Vierta la mitad de la salsa de manera uniforme sobre la superficie de la masa. Colocar la mitad del jamón asado, los champiñones y el queso manchego sobre la salsa y rociar la pizza con aceite de trufa.
6. A continuación, deslice la bandeja de cocción en la posición 5 de la bandeja. Seleccione el ajuste para la pizza (190° C durante 20 minutos). Para comenzar el periodo de cocción, pulse el botón de inicio.
7. Deslice su Bandeja de Crisps en la Posición n° 1 del Estante cuando el periodo de cocción esté completo. Elija el ajuste para la pizza. Ajuste la temperatura de cocción a 204° C y el tiempo de cocción a 2 minutos. Para comenzar el periodo de cocción, pulse el botón de inicio. Cuando termine de cocinar la primera pizza, repita la fase de cocción en la segunda pizza.

Nutrición: Calorías 1130 Proteínas 41g Grasas 55g

29. Pollo con costra de nuez

Tiempo de preparación: 11 minutos
Tiempo de cocción: 27 minutos
Porciones: 4
Ingredientes:

- 159g de trozos de nuez
- 1 cucharada más 1 cucharadita de condimento criollo
- 63g de pan rallado
- 2 huevos grandes
- 907g de pechuga de pollo sin piel y deshuesada, cortada en cubos
- 60ml de aceite de oliva
- 122g de mayonesa
- 2 cucharaditas de mostaza criolla
- 1 pizca de pimienta de cayena molida
- 2 cucharaditas de miel
- 1 pizca de sal

Instrucciones

1. Combinar el pan rallado, las pacanas y 2 cucharaditas de condimento criollo en el bol de un procesador de alimentos y pulsar durante 1 minuto para mezclar.
2. En un plato pequeño, vierta la mezcla.
3. En un bol, bata el aceite de oliva, los huevos y el resto del condimento criollo. Sumerja el pollo en la mezcla de huevo de uno en uno y luego páselo por la mezcla de nueces mientras lo agita para eliminar un poco de exceso.
4. Coloque el pollo en la bandeja para hornear y en la bandeja para crujientes.

Colóquelo en la posición del estante n° 1 de la rejilla para pizza. Coloque el estante para pizza sobre la bandeja para hornear. Deslice la Bandeja Crisper en la Posición 2 del Estante. Seleccione el ajuste Air Fry. Ajuste la temperatura de cocción a 182° C y el tiempo de cocción a 15 minutos. Para comenzar el periodo de cocción, pulse el botón de inicio. Deslice la Bandeja para Crispes en la Posición n° 5 del Estante a la mitad del tiempo de cocción (71/2mins.), y deslice la bandeja para hornear o la rejilla para pizza en la Posición 2 del Estante.

5. Combine los ingredientes de la salsa de miel y mostaza para mojar en un bol mientras el pollo se cocina y bátalos para combinarlos.

6. Entonces, cuando el pollo haya terminado de cocinarse, sazone suavemente con la sal y luego sirva con su salsa para mojar.

Nutrición: Grasas 9,7g Calorías 259 Proteínas 24,7g

30. Rollos de huevo vietnamitas de gambas y cerdo

Tiempo de preparación: 17 minutos
Tiempo de cocción: 10 minutos
Porciones: 4
Ingredientes:

- 3 cucharadas de azúcar
- 80ml de zumo de lima
- 125ml de agua tibia
- 2 cucharadas de salsa de pescado
- 2 cucharadas de aceite vegetal
- 1 cucharada de aceite vegetal picado finamente
- 226g de salchicha china
- 1 cucharada de ajo picado
- 35g de cebolla amarilla picada
- 113g de bok Choy
- 1 cucharada de salsa de chile y ajo
- 226g de camarones medianos
- 1 cucharada de cebolletas picadas
- 70g de zanahoria en tiras
- 55g de brotes de soja
- 70g de hojas de cilantro empaquetadas

- 24 envoltorios de rollitos de primavera
- 26g de hojas de menta fresca envasadas
- Aceite de canola

Instrucciones

1. En un bol, mezclar el azúcar y el agua caliente y dejar que el azúcar se disuelva. Para hacer el nuoc cham, combine la salsa de pescado, el zumo de lima y el chile tailandés. Guarde el nuoc cham.

2. Coloque el wok. Pan en la parte superior de la estufa. A fuego medio-alto, calentar el aceite vegetal. Conecte la salchicha y saltee durante 3 minutos cuando el aceite esté caliente. A continuación, añadir el ajo y la cebolla amarilla y cocinar durante 2 minutos. Por último, añade las gambas y el bok choy y sofríe durante 1 minuto.

3. Condimentar con la salsa de ajo y 3 cucharaditas de cham nuoc. Guardar el resto del cham nuoc.

4. Retire el fuego del wok/sartén y deje que se enfríe por completo. A continuación, remueva la cebolleta con ella.

5. Aliñar ligeramente con el cham nuoc y mezclar los brotes de soja, el cilantro, las zanahorias y la menta. Reservar la ensalada y el resto del nuoc cham.

6. Untar el 1/4 inferior de cada envoltorio de rollito de primavera con 2 cucharadas de la mezcla de gambas. Dobla dos lados hacia el centro del envoltorio y luego estíralo como un rollo de gelatina, juntando los bordes para cerrarlo. Repita la operación antes de terminar de atar los 24 rollos. Utilice aceite de canola para pincelar los rollitos. Entre la bandeja de crispar y la bandeja de hornear, divida los rollos de huevo en partes iguales. Colóquelos en la posición n° 1 del estante para pizzas. Coloque el estante para pizzas encima de la bandeja de hornear. Deslice su Bandeja Crisper en la Posición 2 del Estante. Seleccione su ajuste de Air fry. Ajuste la temperatura de cocción a 193° C y ajuste el periodo de cocción a 7 minutos. Para comenzar el periodo de cocción, pulse el botón de inicio.

7. Retire los rollos de huevo cuando el período de cocción haya terminado, luego lávelos en toallas de papel y repita la

operación hasta que todos los rollos de huevo hayan sido horneados.

Nutrición: Calorías 113 Grasas 6g Proteínas 5g

31. Mini pizzas con salchicha italiana picante

Tiempo de preparación: 14 minutos
Tiempo de cocción: 30 minutos
Porciones: 4
Ingredientes:

- 453g de masa de pizza
- 679g de salchicha italiana caliente
- 832g de salsa de tomate
- Aceite de oliva virgen extra
- 227g de mozzarella
- 0,5 cucharadita de pimienta roja triturada
- 2 cucharadas de hojas de tomillo fresco picado
- 24g de Parmigiano-Reggiano rallado finamente

Instrucciones

1. Dividir la masa en cuatro partes iguales. Espolvorear una superficie de trabajo suavemente con harina. En la superficie de trabajo, voltear la masa y enrollar cada parte de la masa en una circunferencia de 8 pulgadas.
2. Coloque en la bandeja de crispar la salchicha. Deslice la Bandeja Crisper en la Posición 2 de la Bandeja. Seleccione el ajuste Air Fry (205° C). Ajuste el tiempo de cocción a unos 15 minutos. Para comenzar el periodo de cocción, pulse el Botón de Inicio.
3. Coloque una parte de la masa en la Bandeja de Crisol. Con una cuchara, vierta uniformemente una cuarta parte de la salsa de tomate sobre la masa. Espolvoree uniformemente sobre la salsa una cuarta parte de la mozzarella. Poner una cuarta parte de la salchicha sobre la mozzarella. Añadir la pimienta roja triturada, el tomillo y el Parmigiano-Reggiano a la guarnición.
4. Deslice la bandeja de crispar en la posición 2 del estante. Elija el ajuste para pizza (20 minutos de cocción). Ajuste la temperatura de cocción a 425 °F/218 °C. Para comenzar el periodo de cocción, pulse el

botón de inicio. Repita la fase de cocción con las pizzas restantes cuando la 1ª pizza haya terminado de cocinarse.

Nutrición: Proteínas 2g Grasas 2g Calorías 25

32. Atún derretido

Tiempo de preparación: 27 minutos
Tiempo de cocción: 12 minutos
Porciones: 4
Ingredientes:

- latas de 2 onzas (57g) de atún blanco sólido que se envasa en agua, escurrido
- 20g de cebolla roja picada
- 122g de mayonesa
- 1,5 cucharada de zumo de limón fresco
- 0,5 cucharadita de sal marina fina
- 0,25 cucharadita de hierbas italianas secas
- 1 cucharadita de pimienta negra molida
- 10 rodajas finas de tomate
- 10 rebanadas de pan ciabatta (1.2cm de grosor)
- 10 rebanadas de queso provolone, en rodajas
- Patatas fritas
- Mezcla de verduras

Instrucciones

1. Incorporar el atún, la cebolla, la mayonesa, el zumo de limón, la sal, las hierbas y la pimienta negra.
2. Sobre las rebanadas de pan, ponga el atún en partes iguales y coloque el pan en su bandeja de crujientes. Coloca los tomates encima del atún y luego el queso Provolone.
3. A continuación, deslice su Bandeja para Crispar en la posición del estante n° 2. Seleccione el ajuste Air Fry (400° F/205° C). Ajuste el tiempo de cocción a unos 12 minutos. Para comenzar el periodo de cocción, pulse el botón de inicio.
4. Saque los melts de atún cuando haya terminado el periodo de cocción y sírvalos con patatas fritas o verduras mixtas.

Nutrición: Proteínas 48g Grasas 13g Calorías 358

33. Cebollas deshidratadas

Tiempo de preparación: 9 minutos
Tiempo de cocción: 10 horas
Porciones: 4
Ingredientes:

- 2 cebollas blancas cortadas en rodajas de 6mm de grosor

Instrucciones

1. Separar en círculos las cebollas.
2. Coloque la bandeja de crujientes en la posición 2 del estante. Coloque el soporte para pizzas en la posición del estante n° 5. Coloque en la bandeja de crispar y en el estante para pizza los aros de cebolla.
3. Gire el botón de selección de programa (49° C) hasta el ajuste de deshidratación. Gire la perilla de control de tiempo a 10 horas. Para comenzar el periodo de cocción, pulse el botón de inicio o pausa. Cocine hasta que estén crujientes.

Nutrición: Calorías 349kcl Proteínas 9g Grasas 0,5g

34. Camarones al ajo

Tiempo de preparación: 13 minutos
Tiempo de cocción: 20 minutos
Porciones: 4
Ingredientes:

- ½ cucharadita de sal kosher
- 907g de camarones medianos desvenados y pelados
- ½ cucharadita de pimienta de cayena
- 2 cucharadas de mantequilla
- 2 cucharadas de aceite de oliva
- 2 cucharadas de ajo picado
- 2 cucharadas de crema de leche
- 60ml de vino blanco seco
- 1 cucharadita de ralladura de limón
- 1 cucharadita de romero fresco picado
- 1 cucharadita de salsa Worcestershire

Instrucciones

1. Remover las gambas con sal, cayena y aceite de oliva en un plato mediano.
2. Añada la mantequilla y el ajo en la olla de la Air Fryer de 5,3 qt. ajustada a 188 C y cocine unos 3 minutos.

3. Conecte el vino, la leche, la ralladura de limón, el romero, y el Worcestershire y proceda a cocinar durante los siguientes 3 minutos aproximadamente a 188° C. adjunte los camarones y proceda a cocinar durante 5 - 8 minutos adicionales, o hasta que los camarones estén cocidos y opacos.
4. Con una rebanada de pan crujiente, comer rápidamente.
5. Ponga las alitas en la cesta del Air Cooker y programe 22 minutos a 204° C. Cocine hasta que las alitas estén bien doradas, crujientes, y el termómetro mida como mínimo 74 grados C, girando las alitas una vez en el centro para favorecer un dorado uniforme.
6. Mueva las alitas al recipiente y sirva las alitas calientes con alrededor de 119g de salsa. Remover para cubrir por igual y comer con las alitas calientes.

Nutrición: Calorías: 227 Grasas: 11g Proteínas: 20g

35. Coles de Bruselas freídas al aire con limón, ajo y parmesano

Tiempo de preparación: 14 minutos
Tiempo de cocción: 30 minutos
Porciones: 6
Ingredientes:

- 907g de coles de Bruselas cortadas por la mitad a lo largo y recortadas
- 1 cucharadita de sal kosher
- 3 cucharadas de aceite de oliva
- ½ cucharadita de pimienta roja triturada
- 3 cucharadas de queso parmesano finamente rallado
- 1 cucharadita de ajo picado
- 56g de tocino cortado en rodajas gruesas, de 12mm de longitud
- ½ limón finamente rallado

Instrucciones

1. Junto con el aceite de oliva, la pimienta y la sal, añada las coles de Bruselas en el bol ancho. Revuelva para cubrirlas por igual y luego pase a la cesta de la Air Fryer 5.3qt Digital. Coloque los trozos de tocino uniformemente sobre la superficie de las

coles de Bruselas; ponga el recipiente en la freidora y cocine a 204 grados C durante 10 minutos, o hasta que el tocino comience a crujir.

2. Retire la cesta de la freidora y remueva bien las coles. Baje el fuego a 193 y proceda a cocinar hasta que estén crujientes y dorados por los bordes durante 10 - 15 minutos más, mezclando después de cinco minutos para favorecer un dorado uniforme. Ponga los brotes en una olla, añada la ralladura de limón, el ajo y el queso parmesano y sírvalos tibios o calientes.

Nutrición: Calorías 79 Grasas: 3g Proteínas: 5g

36. Mini perrito de maíz freído al aire

Tiempo de preparación: 11 minutos
Tiempo de cocción: 8 minutos
Porciones: 1
Ingredientes:
- 1 porción de Corndogs congelados

Instrucciones
1. Precalentar la freidora de aire a unos 182 grados C
2. Ponga los mini perritos de maíz en la base de la freidora de aire en una sola capa. Deje que se preparen de forma desigual al añadir más de una capa, y tendrá unos corn-dogs poco hechos.
3. Fría durante 4 minutos a 182° C. Agite la cesta y luego fría durante 4 minutos más. Si le gusta un perrito de maíz más crujiente o si su freidora de aire tiende a cocinar poco, añada un minuto.

Nutrición: Calorías: 166 Grasas: 3g Proteínas: 8g

37. Espaguetis de calabaza freídos al aire

Tiempo de preparación: 12 minutos
Tiempo de cocción: 30 minutos
Porciones: 4
Ingredientes:
- 1 calabaza espagueti de tamaño adecuado para la freidora de aire
- 1 cucharadita de sal

- 1 cucharadita de aceite de aguacate
- ½ cucharadita de pimienta negra

Instrucciones
1. Corta los calabacines espagueti por los lados y córtalos longitudinalmente, haciendo dos trozos. Saque las plantas con una cuchara.
2. Lavar las dos mitades con aceite y mezclarlas con pimienta y sal.
3. Poner ambas mitades en la cesta de la freidora de aire con el lado cortado hacia arriba y cocinar durante 25-30 minutos a 182 ° C.
4. Usando un tenedor que esponja "espaguetis" a mitad de la preparación, para permitir una cocción uniforme.
5. Ofrézcalo como guarnición o póngalo bajo la salsa de tomate o la salsa de carne como "spaghetti".

Nutrición: Calorías 50 Grasa: 1g Proteína: 2g

38. Nuggets de pollo congelados freídos al aire

Tiempo de preparación: 9 minutos
Tiempo de cocción: 15 minutos
Porciones: 20
Ingredientes:
- Nuggets de pollo congelados

Instrucciones
1. Para hornear, cambie el dial de selección.
2. Gire el dial a una temperatura a 218° C.
3. Cambie a 10 minutos en el dial de tiempo.
4. La Air Fryer 360 puede comenzar a precalentarse presionando el Interruptor de Inicio/Pausa.
5. Coloque los Nuggets de Pollo sobre la Bandeja Crisper.
6. Siga esperando hasta que el precalentamiento haya terminado.
7. Pulse el interruptor de Inicio/Pausa y, durante los 10 minutos completos, gire el mando.
8. Coloque su Bandeja para Crispar en la Air Fryer 360 en el paso de la Air Fryer, en el tercer lugar de la rejilla inferior.
9. Para empezar a cocinar, pulse el interruptor de Inicio/Pausa.
10. Permita que la cocción termine y disfrútela.

Nutrición: Calorías: 90 Grasas: 2g Proteínas: 6g

39. Tater Tots freidos al aire

Tiempo de preparación: 11 minutos
Tiempo de cocción: 45 minutos
Porciones: 4
Ingredientes:

- 2 cucharaditas de harina blanca
- 680g. de patatas russet
- 1 cucharadita de pimentón ahumado
- Sal y pimienta al gusto
- 1 cucharadita de ajo en polvo
- Aceite para cocinar
- ¼ cucharadita de tomillo

Instrucciones

1. A fuego lento y con una pizca de sal, poner una cacerola o tetera llena hasta ¾ de su capacidad con agua helada. Para llenar las patatas, aplique abundante agua.
2. Añade las patatas y deja que se cocinen entre 6 y 12 minutos. Debe ser capaz de penetrar las patatas por fuera rápidamente y saber que las patatas por dentro están firmes.
3. Sacar las patatas del agua. Límpialas y haz que se enfríen. Espere 10 minutos.
4. Utilizando una zona amplia del rallador de queso, raspar las patatas hasta que se enfríen. Exprime las patatas para obtener un poco de agua extra.
5. Poner las patatas ralladas y la harina y los condimentos en una fuente. Las patatas Russet parecen insípidas, en cuanto a su sabor. Asegúrese de probar la sal. Remover para mezclar.
6. Para dar forma a los tots con la mezcla, utilice las manos. Si lo desea, puede hacer tots más pequeños o más grandes.
7. Rocíe los tots también con aceite de cocina en todos los extremos. En una freidora de aire, poner los tots. Fría al aire a 204 grados C durante 10 minutos.
8. Abrir la freidora de aire y girar los tots. Procesar durante otros cinco minutos o hasta que los tots estén perfectamente crujientes.

Nutrición: Calorías 70Grasas: 1g Proteínas: 2g

40. Champiñones rellenos de queso freídos al aire

Tiempo de preparación: 9 minutos
Tiempo de cocción: 15 minutos
Porciones: 5
Ingredientes:

- 227g. de champiñones frescos grandes
- 24g de queso parmesano rallado
- Sal y pimienta al gusto
- 113g de queso crema
- 31g de queso cheddar rallado
- 1 cucharadita de salsa Worcestershire
- 31g de queso cheddar blanco rallado
- 2 dientes de ajo picados

Instrucciones

1. Para prepararlo para el relleno, saque el tallo del champiñón. Pique primero el tallo y luego haga un corte circular en la región donde se encuentra el tallo. Sigue picando para poder extraer el exceso de hongos.
2. Durante 15 segundos, pon el queso crema en el microondas para que se derrita.
3. En una taza mediana, combina todos los quesos rallados, el queso crema, la pimienta, la sal y la salsa Worcestershire. Remover para mezclar.
4. Con la pasta de queso, rellenar los champiñones.
5. Dejar los champiñones a 188 grados C en la Air Fryer durante unos 8 minutos.
6. Hasta el momento de servir, dejar que los champiñones se asienten.

Nutrición: Calorías: 116 Grasas: 8g Proteínas: 8g

DESAYUNO

RECETAS PARA EL DESAYUNO

41. Cacerola de desayuno

Tiempo de preparación: 16 minutos
Tiempo de cocción: 25 minutos
Porciones: 4
Ingredientes:
- 3 cucharadas de azúcar moreno
- 62g de harina
- 1/2 cucharadita de canela en polvo
- 4 cucharadas de margarina
- 2 cucharadas de azúcar blanco

Para la cazuela
- 2 huevos
- 2-1/2 cucharadas de harina blanca
- 1 cucharadita de polvo para hornear
- 1 cucharadita de bicarbonato de sodio
- 2 cucharadas de azúcar
- 4 cucharadas de margarina
- 125ml de leche
- 128g de arándanos
- 1 cucharada de ralladura de limón

Instrucciones
1. Precaliente la Power Air Fryer 360 seleccionando el modo pizza/horno.
2. Ajuste la temperatura a 149°C
3. En un recipiente, mezcle los ingredientes de la cacerola y luego viértalos en el molde de la Power Air Fryer 360.
4. En otro bol, mezcle el azúcar blanco con la harina, la margarina, el azúcar blanco y la canela.
5. Mezclar hasta conseguir una mezcla desmenuzable y extenderla sobre la mezcla de arándanos.
6. Pasar a la Power Air Fryer 360 y hornear durante 30 minutos

Nutrición: Calorías: 101 Grasas: 9,4g Proteínas: 7g

42. Tostadas francesas

Tiempo de preparación: 9 minutos
Tiempo de cocción: 10 minutos
Porciones: 4

Ingredientes:
- 2 rebanadas de pan
- 1 cucharadita. Vainilla líquida
- 3 huevos
- 1 cucharada de margarina

Instrucciones
1. Precaliente la Power Air Fryer 360 poniéndola en modo tostado/pizza.
2. Ajuste la temperatura a 190°C; inserte la bandeja para pizza.
3. En un bol, bata los huevos y la vainilla
4. Unte el pan con la margarina, páselo al huevo y deje que se empape
5. Colocar en la rejilla para pizza de la Power Air Fryer 360 y programar el tiempo a 6 minutos, dar la vuelta después de 3 minutos.

Nutrición: Calorías: 99 Grasas: 0,2g Proteínas: 5g

43. Avena de frambuesa

Tiempo de preparación: 11 minutos
Tiempo de cocción: 30 minutos
Porciones: 4
Ingredientes:
- 80g de coco rallado
- 2 cucharaditas de estevia
- 1 cucharadita de canela en polvo
- 500ml. Leche de almendras
- 66g de frambuesas

Instrucciones
1. Mezclar todos los ingredientes en un bol
2. Verter en la bandeja de hornear de la freidora de aire
3. Pasar a la Power Air Fryer 360
4. Con el mando, seleccione el modo hornear/pizza
5. Ajuste la temperatura a 182°C.
6. Hornee durante 15 minutos
7. Servir y disfrutar

Nutrición: Calorías: 172 Grasas: 5g Proteínas: 6g

44. Huevo de desayuno y tomates

Tiempo de preparación: 9 minutos
Tiempo de cocción: 20 minutos
Porciones: 4
Ingredientes:
- Sal y pimienta al gusto
- 2 huevos
- 2 tomates grandes

Instrucciones
1. Precaliente la freidora de aire seleccionando el modo hornear/pizza.
2. Ajuste la temperatura a 190°C
3. Corta la parte superior de los tomates, retira con una cuchara las semillas y la pulpa.
4. Rompa el huevo en cada tomate, transfiéralo a la bandeja de hornear de la Power Air Fryer 360.
5. Hornear durante 24 minutos
6. Servir y disfrutar

Nutrición: Calorías: 95 Grasas: 5g Proteínas: 7g

45. Tortilla de panceta y perritos calientes

Tiempo de preparación: 9 minutos
Tiempo de cocción: 16 minutos
Porciones: 2
Ingredientes:
- 1 panceta picada
- 1/4 cucharadita de romero seco
- 2 salchichas picadas
- 1/2 cucharadita de perejil seco
- 2 cebollas pequeñas, picadas

Instrucciones
1. En un bol, cascar el huevo.
2. Añadir el resto de ingredientes y mezclar, verter en la bandeja de horno de la freidora de aire
3. Precalentar la Power Air Fryer 360 seleccionando air fry
4. Ajuste la temperatura a 160°C
5. Ajuste el tiempo a 5 minutos
6. Abra la puerta y disponga el molde para hornear
7. Fría al aire durante 10 minutos

8. Servir y disfrutar
Nutrición: Calorías: 185 Grasas: 10,5g Proteínas: 15g

46. Tortilla de salchichas

Tiempo de preparación: 7 minutos
Tiempo de cocción: 23 minutos
Porciones: 2
Ingredientes:
- 2 salchichas picadas
- 1 cebolla amarilla
- 1 loncha de bacon
- 4 huevos

Instrucciones
1. Precaliente la Power Air Fryer 360 seleccionando el modo de freír al aire
2. Ajuste la temperatura a 160°C y el tiempo a 5 minutos
3. En un bol, mezclar todos los ingredientes.
4. Verter en la bandeja de hornear de la freidora de aire
5. Pasar a la freidora de aire Power Air Fryer 360
6. Freír al aire durante 10 minutos
7. Servir y disfrutar.

Nutrición: Calorías: 156 Grasas: 21g Proteínas: 17g

47. Tortilla de Pepperoni

Tiempo de preparación: 6 minutos
Tiempo de cocción: 23 minutos
Porciones: 2
Ingredientes:
- 2 cucharadas de leche
- 4 huevos
- 10 rodajas de pepperoni
- Sal y pimienta negra molida al gusto

Instrucciones
1. Precaliente la Power Air Fryer 360 seleccionando el modo de freír al aire
2. Ajuste la temperatura a 176°C y el tiempo a 5 minutos
3. En un bol, mezclar todos los ingredientes.
4. Verter en la bandeja de hornear de la freidora de aire
5. Pasar a la freidora de aire Power Air Fryer 360

6. Freír al aire durante 12 minutos
7. Servir y disfrutar.

Nutrición: Calorías 69 Grasa: 28g Proteínas: 11g

48. Buñuelos de calabacín

Tiempo de preparación: 9 minutos
Tiempo de cocción: 20 minutos
Porciones: 4

Ingredientes:
- 283g de calabacín
- 198g de queso halloumi
- 2 huevos
- 31g de harina para todo uso
- 1 cucharadita de eneldo seco
- Sal y pimienta negra al gusto

Instrucciones
1. Precaliente la Power Air Fryer 360 seleccionando el modo hornear/pizza
2. Ajuste la temperatura a 182°C y el tiempo a 5 minutos
3. En un bol, mezclar todos los ingredientes.
4. Hacer pequeños buñuelos con la mezcla
5. Colócalos en la bandeja de horno de la freidora de aire
6. Transfiera a la freidora de aire Power Air Fryer 360
7. Hornear durante 7 minutos
8. Servir y disfrutar.

Nutrición: Calorías: 170 Grasas: 15g Proteínas: 12g

49. Huevos revueltos con tomate

Tiempo de preparación: 9 minutos
Tiempo de cocción: 20 minutos
Porción: 1

Ingredientes:
- 2 huevos
- 2 cucharadas de mantequilla
- 59g de queso
- 1 tomate

Instrucciones
1. Precaliente la Power Air Fryer 360 seleccionando el modo de freír al aire
2. Ajuste la temperatura a 143°C y el tiempo a 5 minutos

3. Engrasar la bandeja de horno con la mantequilla.
4. En un bol, mezclar todos los ingredientes.
5. Verter en la bandeja de la freidora de aire
6. Pasar a la freidora de aire Power Air Fryer 360
7. Freír al aire durante 7 minutos

Nutrición: Calorías: 206 Grasas: 11,3g Proteínas: 12g

50. Salchichas envueltas

Tiempo de preparación: 9 minutos
Tiempo de cocción: 20 minutos
Porciones: 2

Ingredientes:
- 238g. de queso mozzarella
- 8 salchichas
- 8 de masa enrollada en media luna

Instrucciones
1. Precaliente la Power Air Fryer 360 seleccionando el modo hornear/pizza
2. Ajuste la temperatura a 193°C y el temporizador a 5 minutos
3. Abra la masa; disponga el queso en un extremo de la masa
4. Añadir la salchicha y enrollar, asegurar con un palillo
5. Disponer la envoltura de salchicha en la bandeja de hornear de la freidora de aire
6. Transfiera a la freidora de aire Power Air Fryer 360
7. Hornear durante 7 minutos
8. Servir y disfrutar

Nutrición: Calorías: 230 Grasas: 7g Proteínas: 10g

51. Zanahoria crujiente

Tiempo de preparación: 9 minutos
Tiempo de cocción: 9 minutos
Porciones: 2

Ingredientes:
- 1 cucharada de aceite de oliva
- 4 zanahorias en rodajas
- 2 cucharaditas de sal

Instrucciones
1. Mezclar el aceite y la sal en un bol.
2. Vierte la mezcla sobre la zanahoria

3. Poner la Power Air Fryer 360 en función de freír al aire.
4. Colocar la mezcla de zanahoria en la sartén de la Power Air Fryer 360.
5. Cocinar durante 12 minutos a 182C.

Nutrición: Calorías: 42 Grasas: 0,5g Proteínas: 1g

52. salchicha de verano

Tiempo de preparación: 9 minutos
Tiempo de cocción: 4 horas
Porciones: 6
Ingredientes:
- 2-1/2 cucharaditas de pimienta negra molida
- 2.2Kg de carne de venado molida
- 3 cucharaditas de sal rápida tierna
- 2-1/2 cucharadita de semillas de mostaza
- 1 cucharadita de humo líquido
- 2-1/2 cucharadita de sal de ajo
- 1 cucharadita de sal de nogal

Instrucciones
1. En un bol, mezclar la carne de venado molida, las semillas de mostaza, la pimienta negra y el humo líquido.
2. Añadir la sal rápida tierna, la sal de ajo y la sal de nogal.
3. Cortar en 6 rollos largos.
4. Colócalos en la Power Air Fryer 360.
5. Poner la Power Air Fryer 360 en la función de asar.
6. Cocine durante 4 horas a 65C.

Nutrición: Calorías: 140 Grasas: 10g Proteínas: 13g

53. Albóndigas de Venado

Tiempo de preparación: 10 minutos
Tiempo de cocción 30 minutos
Porciones: 4
Ingredientes:
- 1 cucharadita de sal
- 453g de carne de venado molida
- 1/2 cucharadita de nuez moscada
- 1-1/2 bidón de agua
- 1 huevo
- 126g de pan rallado
- 1 lata de sopa de champiñones

- 1/2 cucharadita de tomillo
- 1 paquete de sopa de cebolla seca

Instrucciones
1. Mezclar en un bol la sal, el huevo, la carne, la nuez moscada, el pan rallado y el tomillo.
2. Dar forma a pequeñas bolas
3. Colocar la albóndiga en la sartén Power Air Fryer 360.
4. Poner la Power Air Fryer 360 en función de freír al aire.
5. Cocine durante 30 minutos a 176C.
6. Servir con sopa de champiñones

Nutrición: Calorías: 57 Grasa: 2g Proteínas: 10g

54. Salchicha de jamón ahumado

Tiempo de preparación: 9 minutos
Tiempo de cocción: 10 minutos
Porciones: 4
Ingredientes:
- 1-1/2 cucharadita de salvia
- Cayena
- 1 cucharadita de tomillo
- 1.3Kg de carne de venado
- 1 cucharadita de sal
- 1.3Kg de jamón ahumado
- 1 cucharadita de pimienta molida
- 226g de tocino

Instrucciones
1. En un bol, mezclar la carne de venado, el tomillo, la salvia, la pimienta molida, la sal y la cayena.
2. Cortar las carnes en trozos.
3. Mezclar todos los ingredientes.
4. Dar forma a la bandeja con ella.
5. Colocar la bandeja en la sartén Power Air Fryer 360.
6. Ponga la Power Air Fryer 360 en la función de asar.
7. Cocine durante 15 minutos a 204C

Nutrición: Calorías: 112 Grasas: 8g Proteínas: 10g

55. Pan de carne de venado

Tiempo de preparación: 9 minutos
Tiempo de cocción: 60 minutos
Porciones: 4
Ingredientes:

- Cebolla picada
- 453g de salchicha
- 250ml de leche
- 2 huevos
- 227ml de salsa barbacoa
- 200g de migas de galleta
- Salsa de tomate
- 453g de carne de venado molida

Instrucciones
1. Mezclar en un bol las migas de galleta, la leche, el venado molido y la salsa barbacoa.
2. Añadir la salchicha, los huevos y la cebolla.
3. Colocar la mezcla en la sartén de la Power Air Fryer 360.
4. Poner la Power Air Fryer 360 en función de freír con aire.
5. Hornee durante 1 hora a 176C.
6. Servir inmediatamente o dejar enfriar antes de servir

Nutrición: Calorías: 108 Grasas: 27g Proteínas: 17g

56. Bolonia

Tiempo de preparación: 27 minutos
Tiempo de cocción: 30 minutos
Porciones: 5
Ingredientes:
- 1-1/2 cucharadita de humo líquido
- 907g de carne de venado molida
- 250ml de agua
- 2 cucharadas de sal tierna y rápida
- 1/2 cucharadita de ajo en polvo
- 4 cucharaditas de cebolla en polvo

Instrucciones
1. Mezclar en un bol el humo líquido, el ajo en polvo, el agua y la cebolla en polvo.
2. Añadir la sal tierna y rápida y la carne de venado molida.
3. Hacer panecillos con la mezcla.
4. Colocar los panecillos en la sartén de la Power Air Fryer 360.
5. Poner la Power Air Fryer 360 en función de asar.
6. Cocine durante 45 minutos a 149C.

Nutrición: Calorías: 249 Grasas: 21g Proteínas: 16g

57. Plato de Ardilla

Tiempo de preparación: 40 minutos
Tiempo de cocción: 60 minutos
Porciones: 4
Ingredientes:
- 60g de cebolla en polvo
- 1 lata de tomates
- 1/2 docena de patatas
- 1 ardilla
- Aceite vegetal
- Sal
- 125g de harina
- Pimienta

Instrucciones
1. Cortar las carnes en cubos.
2. Añadir harina, sal y pimienta.
3. Añadir las patatas y las cebollas.
4. Colocar la mezcla en la sartén de la Power Air Fryer 360.
5. Ponga la Power Air Fryer 360 en función de freír con aire
6. Cocine durante 1 hora y 30 minutos a 177C.
7. Servir inmediatamente

Nutrición: Calorías: 103 Grasas: 3g Proteínas: 19g

58. Codorniz a la parrilla

Tiempo de preparación: 50 minutos
Tiempo de cocción: 65 minutos
Porciones: 4
Ingredientes:
- 170g de codorniz
- 250ml de caldo
- Tiras de tocino
- Relleno
- Salsa Worcestershire
- Pimienta y sal

Instrucciones
1. Partir la codorniz.
2. Espolvorear pimienta y sal sobre las codornices.
3. Añadir el relleno y el caldo
4. Envolver la codorniz y la tira de tocino juntas.
5. Rociar con la salsa Worcestershire.

6. Colócalo en la cesta de la Power Air Fryer 360.
7. Poner la Power Air Fryer 360 en función grill.
8. Cocine durante 1 hora y 45 minutos.
9. Servir inmediatamente o dejar enfriar antes de servir.

Nutrición: Calorías 134 Grasas: 5g Proteínas: 21g

59. Pudín de pan de canela

Tiempo de preparación: 9 minutos
Tiempo de cocción: 60 minutos
Porciones: 8
Ingredientes:
- 3 huevos
- 2 cucharadas de vainilla
- 750ml de leche entera
- 3 yemas de huevo
- 2 cucharaditas de canela
- 8 cucharadas de mantequilla
- 126g de pan francés cortado en cubos
- 226g de azúcar granulado
- 1/4 de bol de Pyrex

Instrucciones
1. Escudriña la leche y la mantequilla y luego caliéntala en el microondas.
2. Batir el huevo en otro bol.
3. Añadir la canela, el azúcar, los huevos y la vainilla.
4. Añadir la mezcla de leche.
5. Añadir el pan seco; mezclar hasta que el pan esté empapado.
6. Poner la mezcla en un bol de Pyrex
7. Colocar el bol de Pyrex sobre la sartén de la Power Air Fryer 360.
8. Poner la Power Air Fryer 360 en la posición de pan/tostado.
9. Cocine 60 minutos a 132C.
10. Dejar enfriar antes de servir

Nutrición: Calorías: 379 Grasas: 8g Proteínas: 9g

60. Pan de queso

Tiempo de preparación: 9 minutos
Tiempo de cocción: 16 minutos
Porciones: 4
Ingredientes:
- 4 dientes de ajo

- 238g de queso mozzarella
- 8 rebanadas de pan
- 6 cucharaditas de tomates secos
- 5 cucharadas de mantequilla derretida

Instrucciones
1. Colocar las rebanadas de pan en una superficie plana.
2. Poner la mantequilla, el ajo y la pasta de tomate.
3. Añade el queso
4. Coloca el pan en la sartén de la Power Air Fryer 360.
5. Poner la Power Air Fryer 360 en función de tostado/bagel.
6. Cocine durante 8 minutos a 177C.

Nutrición: Calorías: 226 Grasas: 8g Proteínas: 8g

61. Huevos al horno

Tiempo de preparación: 9 minutos
Tiempo de cocción: 16 minutos
Porciones: 6
Ingredientes:
- - Spray de cocina
- - 12 huevos
- - Sal y pimienta

Instrucciones
1. Rocía un molde para muffins con aceite en aerosol.
2. Rompe un huevo en cada taza y asegúrate de no romper la yema.
3. Coloque el molde para muffins en la rejilla para pizzas en la posición 5 de la Air Fryer 360 y seleccione el ajuste de horneado. Ajuste la temperatura a 177°C y el temporizador a 20 minutos. Pulse el botón de inicio para comenzar.
4. Compruebe si los huevos están completamente cocidos pasando la punta de un cuchillo por un huevo.
5. Servir inmediatamente después de sazonar con sal y pimienta.

Nutrición: Calorías 150 Grasas: 10g Proteínas: 13g

62. Huevos al horno con queso

Tiempo de preparación: 8 minutos

Tiempo de cocción: 17 minutos

Porciones: 6

Ingredientes:

- Spray de cocina
- 12 huevos
- 63g de queso rallado
- Sal y pimienta

Instrucciones

1. Rocía un molde para muffins con aceite en aerosol.
2. Rompe un huevo en cada taza y asegúrate de no romper la yema. Espolvorea un poco de queso rallado en cada taza.
3. Coloque el molde para magdalenas en la rejilla para pizzas en la posición 5 de la Air fryer 360 y seleccione el ajuste de horneado. Ajuste la temperatura a 177°C y el temporizador a 20 minutos. Pulse el botón de inicio para comenzar.
4. Compruebe si los huevos están completamente cocidos pasando la punta de un cuchillo por un huevo. Añada más tiempo si no están bien cocidos.
5. Servir inmediatamente cuando se sazone con sal y pimienta.

Nutrición; Calorías: 200 Grasas: 6g Proteínas: 16g

63. Huevo revuelto

Tiempo de preparación: 7 minutos

Tiempo de cocción: 16 minutos

Porciones: 1

Ingredientes:

- 2 huevos
- 2 cucharadas. Mantequilla
- 59g de queso
- 1 tomate

Instrucciones

1. Precaliente la Power Air Fryer 360 seleccionando el modo de freír al aire
2. Ajuste la temperatura a 143°C y el tiempo a 5 minutos
3. Engrasar la bandeja de horno con la mantequilla.
4. En un bol, mezclar todos los ingredientes.
5. Verter en la bandeja de la freidora de aire
6. Pasar a la freidora de aire Power Air Fryer 360
7. Freír al aire durante 7 minutos

Nutrición: Calorías: 206 Grasas: 11,3g Proteínas: 12g

64. Cazuela de huevos con salchichas y champiñones

Tiempo de preparación: 16 minutos

Tiempo de cocción: 37 minutos

Porciones: 11

Ingredientes:

- Spray de cocina
- 340g. de salchicha de desayuno
- 1 cucharada de mantequilla
- 226g. de champiñones cremini, cortados en rodajas finas
- 12 huevos
- 125ml de leche entera
- 1 cucharada de sal
- 1/4 de cucharada de pimienta negra
- 226g. de queso Havarti, rallado

Instrucciones

1. Engrasar una bandeja de horno con spray de cocina y colocar dos hojas de papel de cocina en una bandeja y dejar a un lado.
2. Cocinar la salchicha en una sartén a fuego medio-alto durante 7 minutos o hasta que se dore. Romper la salchicha en trozos con una espátula de goma.
3. Transfiera la salchicha cocida a la fuente con toallas de papel.
4. Añadir mantequilla a la sartén y cocinar los champiñones durante 6 minutos o hasta que los champiñones se hayan dorado y encogido.
5. Bata los huevos, la leche, la sal y la pimienta en un bol. Añadir la salchicha cocida, las setas y cubrir con el queso. Mezclar hasta que todo esté bien distribuido.
6. Vierta la mezcla en el plato preparado y coloque el plato en la rejilla para pizzas de la Air Fryer 360 y pulse hornear.
7. Ajuste la temperatura a 177°C y el temporizador a 40 minutos. Pulse el botón de inicio para comenzar.
8. Cuando la cazuela esté hecha, compruebe si está totalmente cocida. Corta en cuadrados y ponlos en los platos con una cuchara. Sirva y disfrute.

Nutrición: Calorías: 100 Grasas: 7g Proteínas: 8g

65. Cazuela de huevos con salchichas y queso

Tiempo de preparación: 5 minutos
Tiempo de cocción: 66 minutos
Porciones: 10
Ingredientes:
- Spray antiadherente para cocinar
- 340g de salchicha de desayuno
- 12 huevos
- 125ml de leche entera
- 1 cucharada de sal
- 1/4 de cucharada de pimienta negra
- 226g. de queso cheddar, rallado

Instrucciones
1. Engrasar una fuente de horno con spray de cocina y colocar dos hojas de papel de cocina en una bandeja y dejarla a un lado.
2. Cocinar la salchicha en una sartén a fuego medio-alto durante 7 minutos o hasta que se dore. Romper la salchicha en trozos con una espátula de goma.
3. Transfiera la salchicha cocida a la fuente con toallas de papel.
4. Revuelva los huevos, la leche, la sal y la pimienta en un bol. Añada la salchicha cocida y cubra con queso rallado. Mezclar hasta que todo esté bien distribuido.
5. Vierta la mezcla en la fuente preparada y coloque la fuente en la rejilla para pizzas de la Air Fryer 360 y pulse el ajuste de horneado.
6. Ajuste la temperatura a 177°C y el temporizador a 45 minutos. Pulse el botón de inicio para comenzar.
7. Cuando la cazuela esté hecha, córtala en cuadrados y ponla en los platos. Sirva y disfrute.

Nutrición: Calorías: 130 Grasas: 14g Proteínas: 14g

66. Cazuela de huevos con espinacas y alcachofas

Tiempo de preparación: 10 minutos
Tiempo de cocción: 46 minutos
Porciones: 11

Ingredientes:
- Spray antiadherente para cocinar
- 1 cucharada de aceite de oliva
- 113g. de espinacas baby
- 1 lata de alcachofas
- 12 huevos
- Cebollas picadas
- 130g de crema agria
- 1/4 de cucharada de ajo en polvo
- 1 cucharada de sal
- 1/4 de cucharada de pimienta negra
- 113g. de queso mozzarella, rallado
- 113g. de mezcla italiana

Instrucciones
1. Rocía una bandeja para hornear con aceite en aerosol.
2. Precalentar el aceite de oliva en una sartén a fuego medio. Poner las espinacas y cocinar durante 2 minutos o hasta que las espinacas se ablanden.
3. Añadir las alcachofas y cocinar durante 1 minuto más. Retirar del fuego.
4. En un bol, mezclar los huevos, las cebolletas, la crema agria, el ajo, la sal y la pimienta. Añadir las espinacas cocidas, las alcachofas y el queso.
5. Mezclar hasta que las verduras estén bien distribuidas. Vierta la mezcla en la fuente de horno y coloque la fuente en la rejilla para pizza de su Air Fryer 360. Seleccione el ajuste de horneado.
6. Ajuste la temperatura a 177°C y el temporizador a 45 minutos. Pulse el botón de inicio para comenzar.
7. Cuando la cazuela esté hecha, déjela reposar durante 10 minutos antes de servirla. Cortar en cuadrados y poner en los platos con una cuchara. Sirva y disfrute.

Nutrición: Calorías: 150 Grasas: 11g Proteínas: 10g

67. Merengues de vainilla

Tiempo de preparación: 30 minutos
Tiempo de cocción: 3 horas
Porciones: 4

Ingredientes:

- 4 claras de huevo extra grandes
- 375g de azúcar
- 1 cucharadita de sal
- Semillas de 1 vaina de vainilla

Instrucciones

1. Combinar el azúcar y la sal en un bol.
2. Batir a velocidad media las claras de huevo en otro bol hasta que estén espumosas y se formen picos suaves.
3. Verter poco a poco la mezcla de azúcar a las claras y batir hasta que se formen picos medios.
4. Añadir el extracto de vainilla y las semillas a las claras aumentando la velocidad de la batidora a alta y batir hasta que se formen picos duros.
5. Pasar las claras a una manga pastelera con punta de estrella o de rosetón y colocar pequeños montículos en tres rejillas Air Flow forradas con papel pergamino. Coloque las rejillas en los estantes inferior, medio y superior del horno Power Air Fryer.
6. Presione el botón de encendido, luego el botón del deshidratador y aumente la temperatura de cocción a 76°C y ajuste el tiempo de cocción a 3 ½ horas.

Nutrición: Calorías: 10 Grasas: 0,3g Proteínas: 0,1g

68. Bolas de arroz a la cazuela de judías verdes

Tiempo de preparación: 14 minutos
Tiempo de cocción: 36 minutos
Porciones: 4
Ingredientes:
- 132g de ricotta de leche entera
- 65g de crema de champiñones
- 2 huevos batidos
- 140g de cebollas fritas
- 211g de arroz para sushi, cocido
- 1 pizca de sal y pimienta
- 250g de harina para todo uso
- 238g de queso mozzarella
- 2 latas (411g) de judías verdes (cortadas)

Instrucciones

1. En un bol grande, juntar la mozzarella, el arroz, el requesón, la crema de champiñones y las judías verdes.
2. Remover para mezclar bien. Sazonar con sal y pimienta al gusto. Colocar el relleno en el lado ligeramente salado.
3. Refrigerar durante treinta minutos y montar la estación de dragado.
4. Colocar las cebollas fritas en una bolsa de plástico con cierre. Romper las cebollas en bocados. Transfiera a un recipiente poco profundo.
5. Enrollar la mezcla de arroz en bolas, más o menos de la masa de una bola de billar.
6. Sumergir la bola en la harina, luego en el huevo y, por último, en los bocaditos de cebolla.
7. Cocinar en el aparato a 193C, hasta que se doren.
8. Servir caliente.

Nutrición: Calorías: 101 Grasas: 9,4g Proteínas: 7g

69. Rollos de ternera y judías

Tiempo de preparación: 5 minutos
Tiempo de cocción: 16 minutos
Porciones: 4
Ingredientes:
- 453g de carne molida, cocida
- 88g de frijoles refritos
- 2 cucharaditas de condimento para tacos
- 4 tortillas de maíz
- 53g de tomates picados
- 119g de queso mexicano, rallado

Instrucciones

1. Mezclar la carne y las judías en un bol.
2. Sazonar con el condimento para tacos.
3. Cubrir las tortillas con la mezcla de carne.
4. Espolvorear los tomates y el queso por encima.
5. Enrolla las tortillas.
6. Añade los rollos a la bandeja de la freidora de aire.
7. Seleccionar el ajuste de freír al aire.
8. Cocine a 171 grados C durante 4 minutos por lado.

Nutrición: Calorías: 385,8 Grasa: 16,4g Proteínas: 18,7g

70. Cerdo y judías verdes

Tiempo de preparación: 5 minutos
Tiempo de cocción: 26 minutos
Porciones: 4

Ingredientes:

- 25g de harina de almendra
- 1 cucharadita de condimento criollo
- 24g de queso parmesano rallado
- 1 cucharadita de pimentón
- 1 cucharadita de ajo en polvo
- 4 chuletas de cerdo
- 280g de judías verdes, recortadas y cocidas al vapor
- Spray para cocinar

Instrucciones

1. Precaliente su freidora de aire a 190°C.
2. Rocíe la bandeja de su freidora de aire con aceite.
3. Incorpore todos los ingredientes excepto las chuletas de cerdo y las judías verdes.
4. Rocía las chuletas de cerdo con aceite.
5. Cubrir con la mezcla de especias.
6. Freír al aire libre durante 15 minutos, dándoles la vuelta una vez.

Nutrición: Calorías: 101 Grasas: 9,4g Proteínas: 7g

71. Alcachofas balsámicas

Tiempo de preparación: 9 minutos
Tiempo de cocción: 14 minutos
Porciones: 4

Ingredientes:

- 2 cucharaditas de vinagre balsámico
- Pimienta negra y sal
- 60ml de aceite de oliva
- 1 cucharadita de orégano
- 4 alcachofas grandes recortadas
- 2 cucharadas de zumo de limón
- 2 dientes de ajo

Instrucciones

1. 1. Espolvorear las alcachofas con pimienta y sal.
2. 2. Untar las alcachofas con aceite y añadir el zumo de limón.
3. 3. Colocar las alcachofas en la Power Air Fryer 360.
4. Poner la Power Air Fryer 360 en Freir al Aire/Grill, temporizador a 7 minutos a 182 grados C.
5. Mezclar el ajo, el zumo de limón, la pimienta, el vinagre y el aceite en un bol.
6. Añadir el orégano y la sal.
7. Mezclar bien.
8. Servir las alcachofas con la vinagreta de balsámico.

Nutrición: Calorías: 533 Grasa: 29g Proteínas: 19g

72. Alcachofas con queso

Tiempo de preparación: 5 minutos
Tiempo de cocción: 16 minutos
Porciones: 5

Ingredientes:

- 1 cucharadita de cebolla en polvo
- 125ml de caldo de pollo
- 397g de corazones de alcachofa
- 226g de mozzarella
- 122g de mayonesa
- 226g de queso crema
- 283g de espinacas
- 3 dientes de ajo
- 453g de queso parmesano rallado
- 130g de crema agria

Instrucciones

1. Mezclar en un bol el queso crema, la cebolla en polvo, el caldo de pollo y las alcachofas.
2. Añadir al bol la crema agria, la mayonesa y las espinacas.
3. Pasar la mezcla a la sartén Power Air Fryer 360
4. Poner la Power Air Fryer 360 en la posición Freir al Aire/Grill.
5. Programe el temporizador a 6 minutos a 176C.
6. Servir inmediatamente

Nutrición: Calorías: 379 Grasas: 19g Proteínas: 15g

73. Ensalada de remolacha con aderezo de perejil

Tiempo de preparación: 17 minutos
Tiempo de cocción: 16 minutos
Porciones: 4

Ingredientes:
- Pimienta negra y sal
- 1 diente de ajo
- 2 cucharadas de vinagre balsámico
- 4 remolachas
- 2 cucharadas de alcaparras
- 1 manojo de perejil picado
- 1 cucharada de aceite de oliva

Instrucciones
1. Coloca las remolachas en la sartén Power Air Fryer 360.
2. Poner la Power Air Fryer 360 en función de freír al aire.
3. Ajuste el temporizador y la temperatura a 15 minutos y 182C.
4. En otro bol, mezcle la pimienta, el ajo, las alcaparras, la sal y el aceite de oliva. Mezclar bien
5. Saque las remolachas de la Power Air Fryer 360 y colóquelas en una superficie plana.
6. Pélala y ponla en la ensaladera
7. Servir con vinagre.

Nutrición: Calorías: 185 Grasas: 16g Proteínas: 8g

74. Ensalada de queso azul y remolacha

Tiempo de preparación: 12 minutos
Tiempo de cocción: 17 minutos
Porciones: 4

Ingredientes:
- 1 cucharada de aceite de oliva
- Pimienta negra y sal
- 6 remolachas
- 59g de queso azul

Instrucciones
1. Coloca las remolachas en la sartén Power Air Fryer 360.
2. Poner la Power Air Fryer 360 en función de freír al aire.
3. Ajuste el temporizador a 15 minutos.
4. Cocine a 176 grados C
5. Páselo a un plato.
6. Agregue la pimienta, el queso azul, el aceite y la sal.
7. Servir inmediatamente

Nutrición: Calorías: 110 Grasas: 11g Proteínas: 5g

75. Ensalada de brócoli

Tiempo de preparación: 13 minutos
Tiempo de cocción: 14 minutos
Porciones: 4

Ingredientes:
- 6 dientes de ajo
- 1 cabeza de brócoli
- Pimienta negra y sal
- 1 cucharada de vinagre de arroz chino
- 1 cucharada de aceite de cacahuete

Instrucciones
1. Mezclar el aceite, la sal, el brócoli y la pimienta.
2. Colocar la mezcla en la sartén de la Power Air Fryer 360.
3. Poner la Power Air Fryer 360 en función de freír con aire.
4. Cocine durante 9 minutos a 176 grados C.
5. Colocar el brócoli en la ensaladera y añadir el aceite de cacahuete, el vinagre de arroz y el ajo.
6. Servir inmediatamente.

Nutrición: Calorías: 199 Grasas: 14g Proteínas: 8g

76. ollo frito con suero de leche

Tiempo de preparación: 9 minutos
Tiempo de cocción: 14 minutos
Porciones: 3

Ingredientes:
- 6 tomates cherry cortados por la mitad
- 1 cucharada de aceite de oliva
- 453g de coles de Bruselas
- Pimienta negra y sal
- 17g de cebollas verdes picadas

Instrucciones
1. Espolvorear pimienta y sal sobre la col de Bruselas.
2. Colócala en la sartén de la Power Air Fryer 360.
3. Poner la Power Air Fryer 360 en función de freír al aire.
4. Cocine durante 10 minutos a 176 grados C.
5. 5. Colocar el germen cocido en un bol; añadir el pimiento, la cebolla verde, la sal, el aceite de oliva y los tomates cherry.

6. Mezclar bien y servir inmediatamente

Nutrición: Calorías 57 Grasa: 1g Proteína: 5g

77. Coles de Bruselas con queso

Tiempo de preparación: 9 minutos
Tiempo de cocción: 13 minutos
Porciones: 4

Ingredientes:

- 1 zumo de limón
- 2 cucharadas de mantequilla
- 453g de coles de Bruselas
- 3 cucharadas de parmesano rallado
- Pimienta negra y sal

Instrucciones

1. Coloca la col de Bruselas en la sartén de la Power Air Fryer 360.
2. Poner la Power Air Fryer 360 en función de freír al aire.
3. Cocine durante 8 minutos a 176 grados C.
4. Calentar la mantequilla en una sartén a fuego medio, añadir la pimienta, el zumo de limón y la sal.
5. Añadir la col de Bruselas y el parmesano.
6. Servir inmediatamente.

Nutrición: Calorías: 75 Grasas: 5g Proteínas: 6g

78. Col picante

Tiempo de preparación: 6 minutos
Tiempo de cocción: 16 minutos
Porciones: 4

Ingredientes:

- 1 zanahoria rallada
- 1/2 cucharadita de pimienta de cayena
- 60ml de vinagre de sidra de manzana
- 1 col
- 1 cucharadita de copos de pimienta roja
- 1 cucharada de aceite de sésamo
- 60ml de zumo de manzana

Instrucciones

1. Poner la zanahoria, la cayena, la col y el aceite en la sartén de la Power Air Fryer 360.
2. Añade el vinagre, los copos de pimienta y el zumo de manzana.

3. Poner la Power Air Fryer 360 en función de freír al aire.
4. Cocine durante 8 minutos a 176C
5. Servir inmediatamente

Nutrición: Calorías: 25 Grasas: 0,2g Proteínas: 2g

79. Zanahorias dulces

Tiempo de preparación: 9 minutos
Tiempo de cocción: 17 minutos
Porciones: 4

Ingredientes:

- 1 cucharada de azúcar moreno
- 240g de zanahorias pequeñas
- 1/2 cucharada de mantequilla derretida
- Pimienta negra y sal

Instrucciones

1. Mezclar en un bol la mantequilla, el azúcar, la pimienta, la zanahoria y la sal.
2. Pasar la mezcla a la sartén de la Power Air Fryer 360
3. Poner la Power Air Fryer 360 en función de freír con aire.
4. Cocinar durante 10 minutos a 176 grados C
5. Servir inmediatamente

Nutrición: Calorías: 77 Grasas: 3g Proteínas: 3g

80. Mini Pancake

Tiempo de preparación: 9 minutos
Tiempo de cocción: 11 minutos
Porciones: 4

Ingredientes:

- 2 cucharaditas de perejil seco
- 3 cucharadas de mantequilla
- 152g de harina de almendras
- 2 cucharaditas de albahaca seca
- Pimienta negra y sal
- 3 huevos

Instrucciones

1. Mezclar en un bol la albahaca, la harina de almendras, los huevos, la mantequilla, el perejil, la pimienta y la sal.
2. Remover bien.
3. Verter la mezcla en un molde en una sartén de la Power Air Fryer 360 engrasada.
4. Poner la Power Air Fryer 360 en modo de freír al aire. Cocinar durante 10 minutos por ambos lados a 121 grados C.

RECETAS DE AVES DE CORRAL

81. Pollo al limón

Tiempo de preparación: 19 minutos
Tiempo de cocción: 66 minutos
Porciones: 5
Ingredientes:

- 4 dientes de ajo (prensados)
- 2 cucharadas de salsa de pescado
- 1 manojo de hierba de limón (sin la parte inferior y recortada)
- 3 cucharadas de amina de coco
- 1 trozo de raíz de jengibre (pelado y picado)
- 250ml de leche de coco
- 1 cucharadita de polvo de cinco especias chinas
- 1 cucharadita de mantequilla
- 1 cebolla (picada)
- 1 cucharada de zumo de lima
- Sal y pimienta negra molida, al gusto
- 17g de cilantro picado

Instrucciones

1. En un procesador de alimentos, añadir la hierba limón, el jengibre, el ajo, el aminoácido, la salsa de pescado, las cinco especias en polvo y la leche de coco. Procese hasta que esté suave. Dejar a un lado.
2. Poner la Olla a Presión y la Freidora de Aire en Modo Saltear. Derrita la mantequilla, añada las cebollas y cocínelas durante 5 minutos o hasta que estén tiernas. Incorpore el pollo, sazone bien y cocine durante 1 minuto.
3. Añada la mezcla de hierba de limón, cubra con la tapa de la olla a presión y ajuste el Modo Aves a Presión (Corto) y cocine durante 10 minutos.
4. Suelte la presión, destape la tapa, añada el zumo de limón y sirva.

Nutrición: Calorías 400 Grasas: 18g Proteínas: 20g

82. Pollo a la Salsa

Tiempo de preparación: 45 minutos
Tiempo de cocción: 60 minutos
Porciones: 5

Ingredientes:

- 453g de pechuga de pollo, sin piel y sin hueso
- 1 paquete de mezcla de condimento para tacos
- 125ml de caldo de pollo
- 238g de salsa
- Sal y pimienta negra molida, al gusto
- Orégano seco

Instrucciones

1. Sazone el pollo con sal y pimienta. Colocar en la olla a presión y freidora de aire.
2. Añade la mezcla de condimentos para tacos, la salsa, el orégano y el caldo, y remueve.
3. Poner en el Modo Aves a Presión (Medio) y cocinar durante 30 minutos.
4. Alivie la presión, transfiera el pollo a un bol y desmenúcelo con un tenedor.
5. Servir y disfrutar.

Nutrición: Calorías: 290 Grasas: 3g Proteínas: 45g

83. Pollo y patatas

Tiempo de preparación: 15 minutos
Tiempo de cocción: 16 minutos
Porciones: 4
Ingredientes:

- 907g de muslos de pollo sin piel y sin hueso
- 907g de patatas rojas, peladas y cortadas en cuartos
- 2 cucharadas de aceite de oliva virgen extra
- 180ml de caldo de pollo
- 3 cucharadas de mostaza de Dijon
- 60ml de zumo de limón
- 1/2 cucharadita de sal

- 1/2 cucharadita de pimienta
- 2 cucharadas de condimento italiano
- 3 cucharadas de queso parmesano (rallado)

Instrucciones

1. Sazonar el pollo con sal y pimienta.
2. Ponga la olla a presión y la freidora de aire en modo saltear. Cocine el aceite, añada el pollo y cocine durante 2 minutos.
3. En un bol, añadir el caldo, la mostaza, la salsa italiana y el zumo de limón y mezclar bien.
4. Vierta la mezcla sobre el pollo, añada las patatas y remueva.
5. Ponga la Olla a Presión y la Freidora de Aire en el Modo Aves a Presión (Corto) y cocine durante 10 minutos.
6. Libere la presión, destape la olla, remueva el pollo, reparta en los platos y sirva.

Nutrición: Calorías: 220 Grasas: 6g Proteínas: 20g

84. sándwiches de pollo

Tiempo de preparación: 9 minutos
Tiempo de cocción: 26 minutos
Porciones: 8
Ingredientes:

- 6 pechugas de pollo, sin piel y sin hueso
- 125ml de salsa búfalo
- 3 dientes de ajo (prensados)
- Panes de hamburguesa
- 1/2 cucharadita de ajo en polvo
- 1/2 cucharadita de cebolla en polvo
- 1/2 cucharada de vinagre
- 1 cucharada de azúcar moreno
- 1 cucharadita de sal
- 1/2 cucharadita de pimienta negra
- 1 cucharada de salsa Worcestershire
- 1/2 cucharadita de pimentón ahumado
- 250ml de agua

Instrucciones

1. En un bol, añadir la sal, la pimienta, el azúcar moreno, la cebolla en polvo, el ajo en polvo y el pimentón ahumado, y mezclar. Añade el pollo y rebózalo en la mezcla.
2. En la olla a presión y freidora de aire, añada el agua, el vinagre, el ajo y la salsa Worcestershire.

3. Coloque la rejilla sobre el líquido, añada el pollo y tape. Poner el modo de cocción en Vapor y dejar y programar el temporizador para 12 minutos.
4. Suelte la presión, destape y pase el pollo a una fuente.
5. Triturar con dos tenedores. Añadir la salsa barbacoa y mezclar.
6. Servir en los bollos.

Nutrición: Calorías: 240 Grasas: 4,6g Proteínas: 14g

85. Pollo marroquí

Tiempo de preparación: 14 minutos
Tiempo de cocción: 16 minutos
Porciones: 6
Ingredientes:

- 6 muslos de pollo
- 2 cucharadas de aceite de oliva virgen extra
- 10 vainas de cardamomo
- 2 cebollas (picadas)
- 2 hojas de laurel
- 1/2 cucharadita de cilantro
- 1 cucharadita de clavo de olor
- 1/2 cucharadita de jengibre molido
- 1/2 cucharadita de comino
- 1/2 cucharadita de cúrcuma
- 1/2 cucharadita de canela molida
- 1 cucharadita de pimentón
- 5 dientes de ajo, pelados y picados
- 2 cucharadas de pasta de tomate
- 60ml de vino blanco
- 190g de aceitunas verdes
- 34g de arándanos secos
- 1 cucharada de zumo de limón
- 190g de caldo de pollo
- 35g de perejil picado

Instrucciones

1. En un bol, añade el laurel, el cardamomo, el clavo, el cilantro, el jengibre, el comino, la canela, la cúrcuma y el pimentón, y mezcla.
2. Poner la Olla a Presión y Freidora en Modo Saltear, calentar el aceite, añadir los muslos de pollo y cocinar durante 3-5 minutos o hasta que estén ligeramente dorados. Retirar y dejar a un lado.

3. Añada la cebolla, el ajo y cocine durante 3-5 minutos o hasta que estén tiernos.
4. Añadir el vino, la pasta de tomate, la mezcla de hojas de laurel, el caldo y el pollo. Remover, tapar y ajustar al Modo Aves a Presión (Corto) y cocinar durante 10 minutos.
5. Alivie la presión; deseche la hoja de laurel, el cardamomo y los clavos. Añada las aceitunas, los arándanos, el zumo de limón y el perejil y remueva.
6. Servir

Nutrición: Calorías: 381 Grasas: 10,2g Proteínas: 23g

86. Pollo de caza

Tiempo de preparación: 11 minutos
Tiempo de cocción: 14 minutos
Porciones: 4
Ingredientes:
- 8 muslos de pollo
- 250ml de caldo de pollo
- 35g de apio picado
- 1/4 cucharadita de escamas de pimienta roja
- 1/2 cucharadita de sal
- 1/2 cucharadita de pimienta negra molida
- 1 cucharadita de ajo en polvo
- 113g. de champiñones en rodajas
- 2 cucharadas de aceite de oliva
- 180ml de agua
- 2 dientes de ajo (picados)
- 1 cebolla picada
- 2 cubos de caldo de pollo (desmenuzados)
- 1 lata (397g.) de tomates triturados
- 1 cucharadita de orégano seco

Instrucciones
1. Lavar el pollo y luego secarlo con una toalla de papel.
2. Ponga la olla a presión y la freidora de aire en modo saltear. Cocine el aceite, añada el pollo y dórelo durante 3-5 minutos por cada lado. Retirar y dejar a un lado.
3. Añada las cebollas, el apio, el ajo y los champiñones y cocine durante 5 minutos o hasta que estén blandos. Incorpore el pollo y el resto de los ingredientes, excepto las

hojuelas de pimiento rojo. Ajuste el modo de cocción al vapor y cocine durante 10 minutos.
4. Servir y sazonar con las escamas de pimienta.

Nutrición: Calorías: 360 Grasas: 24,9g Proteínas: 25,9g

87. Alitas de pollo a la barbacoa con miel

Tiempo de preparación: 11 minutos
Tiempo de cocción: 24 minutos
Porciones: 4
Ingredientes:
- 907g de alitas de pollo
- 180ml de salsa barbacoa de miel
- 1/2 cucharadita de pimienta de cayena
- Sal y pimienta negra molida, al gusto
- 125ml de jugo de manzana
- 2 cucharaditas de pimentón
- 1 cucharadita de copos de pimienta roja
- 1/2 cucharadita de albahaca seca
- 125ml de agua
- 106g de azúcar moreno

Instrucciones
1. Coloca las alitas de pollo en la olla a presión y freidora de aire ; añade todos los demás ingredientes y remueve.
2. Poner en el Modo Aves a Presión (Corto) y cocinar durante 10 minutos.
3. Alivie la presión y destape la olla.
4. Sirva las alitas de pollo con la salsa.

Nutrición: Calorías: 197,5 Grasas: 2,2g Proteínas: 21,8g

88. Pollo dulce y picante

Tiempo de preparación: 21 minutos
Tiempo de cocción: 60 minutos
Porciones: 4
Ingredientes:
- 907g de muslos de pollo, sin hueso y sin piel
- 125ml de salsa de pescado
- 250ml de zumo de lima
- 2 cucharaditas de cilantro picado
- 80ml de aceite de oliva virgen extra

- 2 cucharadas de néctar de coco
- 1 cucharadita de jengibre rallado
- 1 cucharadita de menta fresca picada

Instrucciones
1. Coloca los muslos de pollo en la olla a presión y freidora de aire.
2. En un bol, mezclar el zumo de limón, la salsa de pescado, el aceite de oliva, el néctar de coco, el jengibre, la menta y el cilantro hasta que estén bien combinados.
3. Vierta sobre el pollo, tape y ponga la olla en el Modo Aves a Presión (Medio) y cocine durante 30 minutos.
4. Aliviar la presión, destapar y servir.

Nutrición: Calorías: 300 Grasas: 5g Proteínas: 32g

89. Chili de pavo

Tiempo de preparación: 20 minutos
Tiempo de cocción: 61 minutos
Porciones: 4

Ingredientes:
- 453g de pavo molido
- 130g de garbanzos (cocidos)
- 1 cebolla (picada)
- Sal y pimienta negra molida, al gusto
- 250ml de agua
- 2-1/2 cucharadas de chile en polvo
- 1-1/2 cucharadita de comino
- Pimienta de cayena
- 1 pimiento amarillo (sin corazón y picado)
- 3 dientes de ajo, pelados y picados
- 250ml de caldo de verduras

Instrucciones
1. Coloque la carne de pavo en la olla a presión y freidora de aire
2. Añada el agua, cubra con la Tapa a Presión y ponga el Modo Aves a Presión (Corto) y cocine durante 10 minutos.
3. Libere la presión, destape la olla y añada el resto de los ingredientes. Remueva y cubra con la Tapa de Cristal.
4. Cambie la Olla a Presión y Freidora de Aire al Modo Vapor y cocine durante 10 minutos.
5. Destape, espolvoree con pimienta y sirva

Nutrición: Calorías: 224 Grasas: 7,7g Proteínas: 23g

90. Pollo Romano

Tiempo de preparación: 26 minutos
Tiempo de cocción: 61 minutos
Porciones: 4

Ingredientes:
- 6 muslos de pollo, deshuesados y sin piel, cortados en trozos medianos
- 62g de harina blanca
- Sal y pimienta negra molida, al gusto
- 2 cucharadas de aceite vegetal
- 283g de salsa de tomate
- 1 cucharada de azúcar
- 1 cucharadita de vinagre de vino blanco
- 113g de champiñones, en rodajas
- 1 cucharadita de orégano seco
- 1 cucharadita de ajo picado
- 1 cucharadita de albahaca seca
- 1 cucharadita de caldo de pollo en gránulos
- 1 cebolla amarilla, pelada y picada
- 95g de queso romano rallado

Instrucciones
1. Ponga la olla a presión y la freidora de aire en el modo de saltear.
2. Calentar el aceite, añadir los trozos de pollo, remover y dorar 2 minutos
3. Añada la cebolla y el ajo, mezcle y cocine durante 3 minutos. Añada la sal, la pimienta, la harina y mezcle bien.
4. Añadir la salsa de tomate, el vinagre, los champiñones, el azúcar, el orégano, la albahaca y el caldo, mezclar, tapar con la Tapa a Presión y cocinar durante 10 minutos en el Modo Aves a Presión.
5. Naturalmente, suelte la presión durante unos 10 minutos, destape la Olla a Presión, añada el queso, mezcle, reparta en los platos y sirva.

Nutrición: Calorías: 250 Grasas: 11g Proteínas: 61,2g

91. Pollo filipino

Tiempo de preparación: 9 minutos
Tiempo de cocción: 16 minutos
Porciones: 4

Ingredientes:
- 2.2Kg de muslos de pollo

- 1 cucharadita de granos de pimienta negra machacados
- 125ml de vinagre blanco
- Sal y pimienta negra molida, al gusto
- 4 dientes de ajo, picados
- 125ml de salsa de soja
- 3 hojas de laurel

Instrucciones

1. En un bol, añada el pollo, el vinagre, la sal, la salsa de soja, la pimienta, el ajo y las hojas de laurel, y mezcle. Transfiera a la olla a presión y freidora de aire.
2. Ponga el modo de aves a presión (corto) y cocine durante 10 minutos.
3. Libere naturalmente la presión durante unos 10 minutos y luego destape la olla.
4. Retire las hojas de laurel y sirva.

Nutrición: Calorías: 230 Grasas: 19,2g Proteínas: 26g

92. Pollo en salsa de tomatillo

Tiempo de preparación: 25 minutos
Tiempo de cocción: 60 minutos
Porciones: 6
Ingredientes:

- 113g de chiles verdes picados en lata
- 453g de muslos de pollo, sin piel y sin hueso
- 124g de queso cheddar rallado
- 1 cebolla (en rodajas)
- 1 diente de ajo (picado)
- 35g de cilantro (picado)
- 141g de garbanzos enlatados, escurridos
- 53g de tomates picados
- Sal y pimienta negra molida, al gusto
- 1 lata de tomatillos (picados)
- 2 cucharadas de aceite de oliva virgen extra
- 264g de arroz, ya cocido
- 113g de aceitunas negras, sin hueso y picadas

Instrucciones

1. Ponga la olla a presión y la freidora de aire en el modo de saltear.

2. Caliente el aceite, añada la cebolla y el ajo. Cocine durante 5 minutos o hasta que estén blandos.
3. Agregue el pollo, los pimientos, la sal, la pimienta, el cilantro y los tomatillos, revuelva y cubra la olla con la Tapa a Presión.
4. Poner en el Modo Aves a Presión (Medio) y cocinar durante 30 minutos.
5. 5. Libere la presión, destape la tapa, saque el pollo y desmenúcelo con un tenedor.
6. Vuelva a colocar el pollo en la olla, añada el arroz, las judías y ajuste al Modo Salteado. Cocine durante 2 minutos.
7. Agregue el queso, los tomates y las aceitunas, mezcle y cocine por 2 minutos más, sirva y disfrute.

Nutrición: Calorías: 245 Grasas: 11,4g Proteínas: 20g

93. Estofado de pato y patatas

Tiempo de preparación: 30 minutos
Tiempo de cocción: 60 minutos
Porciones: 4
Ingredientes:

- 1 patata cortada en cubos
- 2 pechugas de pato cortadas en trozos pequeños (sin hueso y sin piel)
- 4 cucharadas de vino de Jerez
- Pimienta negra molida, al gusto
- 1 pulgada de raíz de jengibre, pelada y cortada en rodajas
- 4 cucharadas de salsa de soja
- 4 cucharadas de azúcar
- 4 dientes de ajo (picados)
- 2 cebollas verdes, cortadas en trozos
- 80ml de agua
- Sal, al gusto

Instrucciones

1. Ponga la olla a presión y la freidora de aire en el modo de saltear.
2. Dore el pato durante 2-3 minutos. Añada el ajo, el jengibre, la cebolla verde, la salsa de soja, el azúcar, el vino, el agua, la sal y la pimienta, mezcle y tape.

3. Ponga el Modo Aves a Presión (Corto) y cocine durante 10 minutos.
4. Libere la presión y destape la Olla a Presión.
5. Añada las patatas, remueva, cubra con la Tapa de Cristal y cocine en salteado durante 5 minutos.
6. Libere la presión, sirva y disfrute.

Nutrición: Calorías: 238 Grasas: 18g Proteínas: 19g

94. Pato y vegetales

Tiempo de preparación: 16 minutos
Tiempo de cocción: 27 minutos
Porciones: 8
Ingredientes:
- 1 pato entero
- 1 cucharada de vino
- 2 pepinos en rodajas
- 1 cucharada de aceite de oliva
- 2 zanahorias, (peladas y picadas)
- 1 pulgada de jengibre (picado)
- Sal y pimienta negra molida, al gusto

Instrucciones
1. Sazone el ave con la sal, el jengibre y la pimienta negra. Frote con el aceite de oliva y el vino, y luego transfiera a la olla a presión y freidora de aire
2. Cubra la Olla a Presión y Freidora de Aire con la Tapa de la Freidora de Aire y póngala en el Modo de Aves de Corral para Freír.
3. Fría durante 30 minutos en la posición media.
4. Adorne con el pepino y la zanahoria.
5. Servir.

Nutrición: Calorías: 289 Grasa: 2g Proteínas: 22g

95. Ensalada César de Pollo

Tiempo de preparación: 13 minutos
Tiempo de cocción: 41 minutos
Porciones: 2
Ingredientes:
- 6 pechugas de pollo
- 2 cucharaditas de mantequilla (sin sal)
- 3 rebanadas de tocino
- 1 cucharadita de cebollino fresco (picado)

- 1 cabeza de lechuga romana (recortada y con las hojas separadas)
- 1 cucharadita de eneldo fresco picado
- 1 cucharada de aceite de oliva
- 1/2 panecillo multicereales
- Sal y pimienta al gusto
- 1/2 aguacate (sin hueso y en rodajas)
- 6 tomates cherry (cortados por la mitad)

Para Vestir
- 2 cucharadas de vinagre
- 4 cucharadas de mayonesa
- 1 cucharada de aceite de oliva
- 1 cebolla roja pequeña (finamente picada)

Instrucciones
1. Sazone bien el pollo, frótelo con 1 cucharada de aceite de oliva y páselo a la olla a presión y freidora de aire
2. Cubra la olla con la tapa de la Air Fryer y ponga el modo de freír aves de corral. Fría el pollo durante 30 minutos. Retire, desmenuce y deje a un lado.
3. Cambie la Olla a Presión y Freidora de Aire al Modo Saltear.
4. Caliente el aceite, añada el bacon y saltéelo durante 10-15 minutos, o hasta que esté crujiente.
5. En un procesador de alimentos, agregue el rollo de cena y procese hasta que esté suave. Añada las migas de panecillo al bacon en la olla y fríalo durante 5-10 minutos o hasta que esté dorado.
6. En un procesador de alimentos, añadir las migas fritas y el tocino. Pulse durante 6-10 minutos o hasta que la mezcla sea homogénea.
7. En un bol, añadir la mayonesa, la cebolla, el vinagre, la sal y la pimienta, y combinar.
8. Colocar en un plato los tomates, la lechuga, la mezcla de pan rallado, el eneldo, el cebollino y el pollo. Rociar con el aderezo de la ensalada.
9. Disfrute

Nutrición: Calorías: 350 Grasas: 16g Proteínas: 14,6g

96. Sopa de pollo

Tiempo de preparación: 16 minutos
Tiempo de cocción: 60 minutos

Porciones: 4

Ingredientes:

- 4 pechugas de pollo, sin piel y deshuesadas
- 1 cebolla cortada en rodajas
- 2 cucharadas de aceite de oliva virgen extra
- 473ml de salsa en trozos
- 3 dientes de ajo, rallados
- 2 zanahorias medianas, picadas
- 857ml de caldo de pollo
- 907g de guisantes escurridos
- 822g de tomates enlatados en cubos
- 1 cucharada de cebolla en polvo
- Perejil fresco para decorar
- 1 cucharada de chile en polvo
- 1 cucharadita de ajo en polvo
- 425g de maíz congelado
- Sal y pimienta negra, al gusto

Instrucciones

1. Ponga la olla a presión y la freidora de aire en el modo Saltear. Seleccione una de las opciones, pulse el botón del temporizador y marque 6 minutos.
2. Caliente el aceite, añada las cebollas cortadas, remueva y cocine durante 5 minutos. Incorpora el ajo y cocina durante 1 minuto.
3. Añade la pechuga de pollo, los tomates enlatados, la salsa, el caldo de pollo, la sal, el perejil, la pimienta negra, el chile en polvo, la cebolla en polvo y el ajo. Remover.
4. Cierre la olla con la tapa a presión y seleccione el modo de aves a presión preestablecido. El programa de cocción corta tendrá la sopa de pollo lista en 10 minutos.
5. Libere la presión, luego destape la Olla a Presión y Freidora de Aire y transfiera el pollo a una tabla de cortar. Desmenúcelo y déjelo a un lado.
6. Añada el maíz y los guisantes congelados a la Olla a Presión & Freidora de Aire, ponga el Modo Vegetal a Presión (Corto), y cocine durante 2-3 minutos.
7. Combine la sopa de pollo y la mezcla de alubias.
8. Divida en tazones, adorne con perejil y sirva.

Nutrición: Calorías: 110 Grasas: 4,4g Proteínas: 6g

97. Albóndigas de pavo

Tiempo de preparación: 9 minutos
Tiempo de cocción: 52 minutos
Porciones: 8

Ingredientes:

- 1 cebolla (picada)
- 453g de carne de pavo (picada)
- 4 dientes de ajo, pelados y picados
- 63g de pan rallado panko
- 1 huevo, batido
- 24g de queso parmesano rallado
- Sal y pimienta negra molida, al gusto
- 1 cucharadita de salsa de pescado
- 1 cucharadita de orégano seco
- 250ml de caldo de pollo
- 17g de perejil picado
- 2 cucharadas de fécula de maíz mezclada
- 2 cucharaditas de salsa de soja
- 60ml de leche
- 12 champiñones cremini, picados
- 2 cucharadas de aceite de oliva virgen extra
- 2 cucharadas de mantequilla
- Jerez

Instrucciones

1. En un bol, añade el pavo, el parmesano, la sal, la pimienta, la cebolla, el ajo, el pan rallado, el perejil, el orégano, el huevo, la leche, la salsa de pescado y 1 cucharadita de salsa de soja, y mezcla.
2. Formar bolas con la mano o con una cuchara para helados.
3. Poner la olla a presión y la freidora de aire en modo salteado.
4. Cocine el aceite, añada las albóndigas y cocínelas durante 2-3 minutos, o hasta que se doren. Retírelas y apártelas.
5. Añada la mantequilla a la olla, añada los champiñones, salpimiente, el caldo, el jerez, la mezcla de salsa de soja y cocine durante 10 minutos. Dejar a un lado.
6. Llene la olla a presión y la freidora de aire con agua para hacer un baño de agua. Añada las albóndigas a una bolsa de plástico y pásela a la olla.

7. Ponga el modo de cocción de aves al vacío (corto), cubra la olla con la tapa de cristal y cocine durante 45 minutos.
8. Destape la olla y sirva las albóndigas con el caldo.

Nutrición: Calorías: 330 Grasas: 16g Proteínas: 28g

98. Pollo Caprese al vacío

Tiempo de preparación: 20 minutos
Tiempo de cocción: 2 horas
Porciones: 6
Ingredientes:
Pollo

- 2 pechugas de pollo
- 1/2 cucharadita de sal kosher
- 1/2 cucharadita de ajo en polvo
- 1/2 cucharadita de orégano seco
- 2 cucharadas de hojas de albahaca fresca
- 1/2 cucharadita de cebolla en polvo
- 1 cucharada de aceite de oliva
- 1/2 cucharadita de albahaca seca
- 1/2 cucharadita de pimienta negra molida
- 2 cucharadas de vinagre balsámico

Topping de Caprese

- 1 cucharada de aceite de oliva
- 1/4 cucharadita de sal kosher
- 2 grietas de pimienta fresca
- 211g de tomates cherry cortados en cuartos
- 56g de perlas de mozzarella fresca
- 1 diente de ajo pequeño picado
- 3 hojas de albahaca fresca (picadas)
- glaseado balsámico para rociar

Instrucciones
1. Añada agua a la olla a presión y a la freidora de aire. Esto servirá como el baño de agua.
2. Ponga la olla en el modo de aves al vacío, cambie la temperatura a 77°C y el tiempo a 2 horas.
3. Mezcle todos los ingredientes del pollo en un bol. Coloque cada pechuga de pollo en una bolsa Ziploc separada, luego vierta la mitad de la marinada, espolvoree las hojas de albahaca en cada bolsa y cierre bien.

4. Colocar en el baño de agua, cubrir con la Tapa de Cristal, y cocinar durante el tiempo seleccionado.
5. En un bol, añade todos los ingredientes de la cobertura y combínalos. Saque el pollo y sírvalo con los aderezos.
6. Rociar con vinagre balsámico.

Nutrición: Calorías: 363 Grasas: 23g Proteínas: 30g

99. Pollo con tomate y arroz

Tiempo de preparación: 8 minutos
Tiempo de cocción: 16 minutos
Porciones: 6
Ingredientes:

- 1 Litro de caldo de pollo
- 1 cebolla grande
- 14 pechugas de pollo desmenuzadas
- 1 pimiento rojo mediano
- 453g de chorizo en rodajas
- 1 cucharada de sal marina
- 3 tomates grandes
- 2 cucharadas de aceite de oliva
- 1/2 cucharadita de pimienta de cayena
- 2 dientes de ajo
- 1 cucharadita de comino molido
- 602g de arroz blanco
- 1 cucharada de pimentón
- 2 cucharaditas de pimienta molida
- 1 cucharada de cilantro picado

Instrucciones
1. Ponga la olla a presión y freidora de aire en el modo de aves salteadas (corto).
2. Añada el aceite, el pollo y dórelo durante 3 minutos por cada lado. Retire el pollo chamuscado y resérvelo.
3. Añada el pimiento, la cebolla y el ajo al aceite y saltee.
4. Añadir todos los ingredientes restantes al aceite, incluido el pollo.
5. Cubra con la tapa de presión, seleccione el modo de arroz a presión (corto) y cocine durante 5 minutos.
6. Libere la presión, retire la tapa y sirva inmediatamente.

Nutrición: Calorías: 300 Grasas: 18g Proteínas: 55g

100. Codorniz braseada

Tiempo de preparación: 9 minutos
Tiempo de cocción: 17 minutos
Porciones: 2
Ingredientes:
- Pimienta negra molida
- 1 codorniz entera, cortada en porciones medianas
- Aceite de oliva
- 1 limón
- 28g de panceta ahumada
- 125ml de jugo de rúcula
- Sal
- 2 chalotas picadas
- 1 manojo de tomillo
- 500ml de agua
- 4 zanahorias
- 90g de cava
- 1/2 bulbo de hinojo
- 1 hoja de laurel
- 1 manojo de romero

Instrucciones
1. Ponga la olla a presión y freidora de aire en el modo de cocción de verduras al vapor (corto). Añade la zanahoria y el agua a la olla interior, cuece al vapor durante 1 minuto.
2. Añada el romero, las chalotas, las hojas de laurel, el beicon, la sal, la panceta, el tomillo y la pimienta. Deje que se cocine al vapor durante unos 2 minutos. A continuación, pásalo a un bol.
3. Condimentar las codornices con aceite, romero y tomillo. Añade las codornices a la olla vacía y dóralas durante 5 minutos por cada lado.
4. Añadir el champán. Dejar cocer unos 10 minutos.
5. Sacar las codornices y colocarlas en un plato. Añadir la zanahoria cocida, el aceite, el zumo de rúcula, el limón y el hinojo.
6. Servir inmediatamente.

Nutrición: Calorías: 260 Grasas: 17g Proteínas: 30g

101. Pollo a la mantequilla empanado

Tiempo de preparación: 9 minutos
Tiempo de cocción: 12 minutos
Porciones: 4
Ingredientes:
- Pechugas de pollo de 1 libra (454 g), deshuesadas y sin piel
- 1 cucharada de mantequilla, a temperatura ambiente
- 1 huevo batido
- 1 cucharadita de pimienta de cayena
- 1 cucharadita de ajo en polvo
- 63g de pan rallado

Instrucciones
1. Ajuste la freidora de aire a 380°F (193°C).
2. Secar el pollo con toallas de papel.
3. En un bol, combinar bien la mantequilla, el huevo, la pimienta de cayena, el ajo en polvo, la sal kosher y la pimienta negra.
4. Sumerja las pechugas de pollo en la mezcla de huevo. A continuación, pasar las pechugas de pollo por el pan rallado.
5. Disponer las pechugas de pollo en la bandeja de crujientes.
6. Coloque la bandeja de crujientes en la posición correspondiente de la freidora de aire. Seleccione Freír al aire y cocine el pollo durante 12 minutos, dándoles la vuelta a mitad del tiempo de cocción.
7. ¡Buen provecho!

Nutrición: Calorías: 267 Grasas: 17g Proteínas: 31g

102. Alitas de pollo con queso

Tiempo de preparación: 6 minutos
Tiempo de cocción: 22 minutos
Porciones: 3
Ingredientes:
- 454 g de alitas de pollo con hueso
- 2 cucharadas de aceite de oliva
- 47g de queso parmesano rallado
- 2 dientes de ajo machacados

Instrucciones
1. Ajuste la freidora de aire a 193°C.

2. Seque las alitas de pollo con papel de cocina. Mezcle las alitas de pollo con el resto de los ingredientes.
3. Disponga las alitas de pollo en la bandeja de crujientes.
4. Coloque la bandeja de crujientes en la posición correspondiente de la freidora de aire. Seleccione Freír al aire y cocine las alitas de pollo durante 22 minutos, dándoles la vuelta a mitad del tiempo de cocción.
5. ¡Buen provecho!

Nutrición: Calorías: 251 Grasas: 19g Proteínas: 30g

103. Palillos de pollo salados

Tiempo de preparación: 9 minutos
Tiempo de cocción: 21 minutos
Porciones: 3
Ingredientes:
- 3 muslos de pollo con hueso
- 2 cucharadas de aceite de oliva
- 2 cucharadas de salsa de soja
- 1 cucharada de vinagre de arroz
- 1 cucharadita de ajo en polvo

Instrucciones
1. Ajuste la freidora de aire a 188°C.
2. Secar los muslos de pollo con papel de cocina. Mezcle los muslos de pollo con el resto de los ingredientes.
3. Colocar los muslos de pollo en la bandeja de crujientes.
4. Coloque la bandeja de crujientes en la posición correspondiente de la freidora de aire. Seleccione Freír al Aire y cocine el pollo durante 20 minutos, dándoles la vuelta a mitad del tiempo de cocción.
5. ¡Buen provecho!

Nutrición: Calorías: 257 Grasas: 17g Proteínas: 33g

104. Pechugas de pavo con mostaza

Tiempo de preparación: 9 minutos
Tiempo de cocción: 60 minutos
Porciones: 5
Ingredientes:

- 2 cucharadas de aceite de oliva
- 1 cucharada de mostaza de Dijon
- 1 cucharada de salsa picante
- 1 cucharadita de pimentón ahumado
- 1 cucharadita de albahaca seca
- 1 cucharadita de tomillo seco
- 2 libras (907 g) de pechuga de pavo con hueso

Instrucciones
1. Poner la freidora de aire a 176°C.
2. En un recipiente para mezclar, combine bien el aceite de oliva, la sal, la pimienta negra, la mostaza, la salsa picante, el pimentón, la albahaca y el tomillo.
3. Frote la mezcla por toda la pechuga de pavo. Coloque la pechuga de pavo en la bandeja de crispar.
4. Coloque la bandeja de crispar en la posición correspondiente de la freidora de aire. Seleccione Asado y cocine la pechuga de pavo durante 1 hora, dándoles la vuelta cada 20 minutos.
5. ¡Buen provecho!

Nutrición: Calorías: 279 Grasa: 15g Proteínas: 30g

105. Drumettes de pavo

Tiempo de preparación: 6 minutos
Tiempo de cocción: 40 minutos
Porciones: 4
Ingredientes:
- 1½ libras (680 g) de pavo
- 1 cucharada de aceite de sésamo
- 1 cucharadita de mezcla de condimentos para aves

Instrucciones
1. Poner la freidora de aire a 204°C.
2. Mezcle los tamborcillos de pavo con el resto de los ingredientes. Disponga los drumettes de pavo en la bandeja de crujientes.
3. Coloque la bandeja de crujientes en la posición correspondiente de la freidora de aire. Seleccione Freír al Aire y cocine las croquetas de pavo durante 40 minutos, dándoles la vuelta a mitad del tiempo de cocción.

4. Deje reposar el pavo durante 10 minutos antes de cortarlo y servirlo. ¡Buen provecho!

Nutrición: Calorías: 274 Grasa: 17g Proteínas: 39g

106. Filete de pato con salsa de soja

Tiempo de preparación: 6 minutos
Tiempo de cocción: 30 minutos
Porciones: 4

Ingredientes:
- 1½ libras (680 g) de filete de pato
- 1 cucharada de miel
- 2 cucharadas de salsa de soja oscura
- 1 cucharada de pasta de soja

Instrucciones
1. Comience por precalentar la freidora de aire a 330ºF (166ºC).
2. Mezcle el filete de pato con el resto de los ingredientes. Coloca el filete de pato en la bandeja de hornear.
3. Coloque el molde en la posición correspondiente de la freidora. Seleccione Hornear y cocine el filete de pato durante 15 minutos, dándole la vuelta a mitad del tiempo de cocción.
4. Ajuste la temperatura a 176ºC y continúe la cocción durante unos 15 minutos o hasta que esté bien cocido.
5. Dejar reposar 10 minutos antes de trinchar y servir. ¡Buen provecho!

Nutrición: Calorías: 249 Grasas: 12g Proteínas: 23g

107. Hamburguesas de pollo con salsa de chile

Tiempo de preparación: 9 minutos
Tiempo de cocción: 16 minutos
Porciones: 4

Ingredientes:
- 454 g de pollo molido
- 1 cucharada de aceite de oliva
- 1 cebolla pequeña picada
- 1 cucharadita de ajo picado
- 1 cucharada de salsa de chile

Instrucciones
1. Ajuste la freidora de aire a 193ºC.
2. Incorporar todos los ingredientes hasta que estén bien combinados. Formar la mezcla en cuatro hamburguesas.
3. Disponer las hamburguesas en la bandeja de crispar.
4. Coloque la bandeja de crispar en la posición correspondiente en la freidora de aire. Seleccione Freír al Aire y cocine las hamburguesas durante unos 17 minutos o hasta que estén bien cocidas; asegúrese de darles la vuelta a mitad del tiempo de cocción.
5. ¡Buen provecho!

Nutrición: Calorías: 294 Grasa: 21g Proteínas: 38g

108. Ensalada de pollo con pepino

Tiempo de preparación: 9 minutos
Tiempo de cocción: 12 minutos
Porciones: 4

Ingredientes:
- Pechugas de pollo de 1 libra (454 g), deshuesadas y sin piel
- 1 cebolla roja, cortada en rodajas finas
- 1 pimiento morrón, cortado en rodajas
- 4 aceitunas Kalamata, sin hueso y picadas
- 1 pepino griego pequeño, rallado y exprimido
- 4 cucharadas de yogur griego
- 4 cucharadas de mayonesa
- 1 cucharada de zumo de limón fresco

Instrucciones
1. Poner la freidora de aire a 193ºC
2. Seque el pollo con toallas de papel. Colocar las pechugas de pollo en una bandeja para crispar ligeramente aceitada.
3. Coloque la bandeja de crispar en la posición correspondiente de la freidora de aire. Seleccione Asar y cocine el pollo durante 12 minutos, dándoles la vuelta a mitad del tiempo de cocción.
4. Trocea las pechugas de pollo y pásalas a una ensaladera; añade el resto de los ingredientes y remueve para combinarlos bien.

5. Servir frío.

Nutrición: Calorías: 266 Grasa: 15g Proteínas: 27g

109. Panecillos de pollo y queso

Tiempo de preparación: 6 minutos
Tiempo de cocción: 16 minutos
Porciones: 4

Ingredientes:
- Pechugas de pollo de 1 libra (454 g)
- 1 cucharada de aceite de oliva
- Sal marina y pimienta negra, al gusto
- 4 rebanadas de queso Cheddar
- 4 cucharaditas de mostaza amarilla
- 4 panecillos ingleses, ligeramente tostados

Instrucciones
1. Poner la freidora de aire a 193ºC
2. Seque el pollo con papel de cocina. Mezcle las pechugas de pollo con el aceite de oliva, la sal y la pimienta. Coloque el pollo en la bandeja de crispar.
3. Coloque la bandeja de crispar en la posición correspondiente de la freidora de aire. Seleccione Asar y cocine el pollo durante 12 minutos, dándoles la vuelta a mitad del tiempo de cocción.
4. Desmenuza el pollo con dos tenedores y sírvelo con queso, mostaza y panecillos ingleses. ¡Buen provecho!

Nutrición: Calorías: 212 Grasas: 10g Proteínas: 24g

110. Pollo relleno de bacon y queso

Tiempo de preparación: 6 minutos
Tiempo de cocción: 21 minutos
Porciones: 4

Ingredientes:
- Pechugas de pollo de 1 libra (454 g)
- 4 cucharadas de queso de cabra
- 4 cucharadas de tocino
- 1 cucharada de aceite de oliva
- ½ cucharadita de ajo en polvo
- 1 cucharadita de albahaca seca
- 1 cucharadita de orégano seco
- 1 cucharadita de perejil seco en copos

Instrucciones
1. Poner la freidora de aire a 204ºC
2. Aplanar las pechugas de pollo con un mazo.
3. Rellene cada pieza de pollo con queso y bacon. Enróllalas y asegúralas con palillos.
4. A continuación, rocíe el pollo con aceite de oliva, ajo en polvo, albahaca, orégano y perejil.
5. Coloque las pechugas de pollo rellenas en la bandeja de crispar. Coloque la bandeja de crispar en la posición correspondiente de la freidora de aire. Seleccione Freír al Aire y cocine el pollo durante unos 20 minutos, dándoles la vuelta a mitad del tiempo de cocción.
6. ¡Buen provecho!

Nutrición: Calorías: 269 Grasas: 18g Proteínas: 28g

111. Pollo a la Panko con Aceitunas

Tiempo de preparación: 9 minutos
Tiempo de cocción: 12 minutos
Porciones: 4

Ingredientes:
- 454 g de filetes de pollo deshuesados y sin piel
- 2 huevos, batidos
- 1 cucharadita de albahaca seca
- ½ cucharadita de romero seco
- ½ cucharadita de orégano seco
- ½ cucharadita de copos de pimienta roja triturados
- 63g de pan rallado sazonado
- 2 onzas (57 g) de aceitunas Kalamata, sin hueso y en rodajas

Instrucciones
1. Poner la freidora de aire a 193ºC
2. Secar el pollo con toallas de papel.
3. En un recipiente poco profundo, mezcle bien los huevos y las especias. Situar el pan rallado en un bol poco profundo aparte.
4. Sumergir los filetes de pollo en la mezcla de huevo. A continuación, pasar los filetes de pollo por el pan rallado. Colocar los filetes de pollo en la bandeja de crispar.

5. Coloque la bandeja de crispar en la posición correspondiente de la freidora de aire. Seleccione Freír al Aire y cocine los filetes de pollo durante 12 minutos, dándoles la vuelta a mitad del tiempo de cocción.
6. Servir con aceitunas Kalamata y disfrutar.

Nutrición: Calorías: 284 Grasas: 19g Proteínas: 27g

112. ollo relleno de espinacas y queso

Tiempo de preparación: 9 minutos
Tiempo de cocción: 21 minutos
Porciones: 4

Ingredientes:
- Pechugas de pollo de 1 libra (454 g), sin piel, deshuesadas y cortadas en trozos
- 2 cucharadas de aceitunas picadas
- 1 diente de ajo picado
- 70g de espinacas, cortadas en trozos
- 2 onzas (57 g) de queso feta
- 2 cucharadas de aceite de oliva

Instrucciones
1. Poner la freidora de aire a 204°C
2. Aplanar las pechugas de pollo con un mazo.
3. Rellene cada pieza de pollo con aceitunas, ajo, espinacas y queso. Enrollarlas y asegurarlas con palillos.
4. Espolvorear el pollo con la sal, la pimienta negra y el aceite de oliva.
5. Colocar las pechugas de pollo rellenas en la bandeja de crispar. Coloque la bandeja de crujientes en la posición correspondiente de la freidora de aire. Seleccione Freír al Aire y cocine el pollo durante unos 20 minutos, dándoles la vuelta a mitad del tiempo de cocción.
6. ¡Buen provecho!

Nutrición: Calorías: 271 Grasas: 21g Proteínas: 38g

113. muslos de pollo

Tiempo de preparación: 9 minutos
Tiempo de cocción: 22 minutos
Porciones: 3

Ingredientes:
- 3 muslos de pollo
- 2 cucharadas de aceite de sésamo
- 1 cucharada de salsa de soja
- 1 cucharadita de polvo de cinco especias

Instrucciones
1. Poner la freidora de aire a 188°C
2. Secar los muslos de pollo con papel de cocina. Mezcle los muslos de pollo con el resto de los ingredientes. Colocar los muslos de pollo en la bandeja de crispar.
3. Coloque la bandeja de crispar en la posición correspondiente de la freidora de aire. Seleccione Asar y cocine los muslos de pollo durante 22 minutos, dándoles la vuelta a mitad del tiempo de cocción.
4. ¡Buen provecho!

Nutrición: Calorías: 259 Grasas: 18g Proteínas: 31g

114. Pechugas de pavo con mantequilla

Tiempo de preparación: 9 minutos
Tiempo de cocción: 60 minutos
Porciones: 5

Ingredientes:
- 2 libras (907 g) de pechugas de pavo, con los huesos de las costillas recortados
- 4 cucharadas de mantequilla derretida
- 1 cucharadita de salsa Sriracha
- 1 cucharada de cilantro fresco picado
- 1 cucharada de perejil fresco picado
- 1 cucharada de tomillo fresco picado

Instrucciones
1. Poner la freidora de aire a 176°C
2. Secar las pechugas de pavo con papel de cocina. Mezcle las pechugas de pavo con el resto de los ingredientes. Colocar las pechugas de pavo en la bandeja de crispar.
3. Coloque la bandeja de crispar en la posición correspondiente de la freidora de aire. Seleccione Asar y cocine las pechugas de pavo durante 1 hora, dándoles la vuelta cada 20 minutos.
4. ¡Buen provecho!

Nutrición: Calorías: 257 Grasa: 16g Proteínas: 31g

115. Palillos de pollo con salsa picante

Tiempo de preparación: 9 minutos
Tiempo de cocción: 21 minutos
Porciones: 4

Ingredientes:

- 62g de harina para todo uso
- 1 cucharada de mezcla de condimentos Ranch
- 454 g de muslos de pollo
- 1 cucharada de salsa picante

Instrucciones

1. Ajuste la freidora de aire a 188C
2. Seque los muslos de pollo con papel de cocina. Mezcle los muslos de pollo con el resto de los ingredientes. Coloque los muslos de pollo en la bandeja de crispar.
3. Coloque la bandeja de crispar en la posición correspondiente de la freidora de aire. Seleccione Freír al Aire y cocine los muslos de pollo durante 20 minutos, dándoles la vuelta a mitad del tiempo de cocción.
4. ¡Buen provecho!

Nutrición: Calorías: 281 Grasa: 19g Proteínas: 29g

116. Pato con pasta de miso

Tiempo de preparación: 9 minutos
Tiempo de cocción: 31 minutos
Porciones: 5

Ingredientes:

- 2 libras (907 g) de pechugas de pato
- 1 cucharada de mantequilla derretida
- 2 cucharadas de melaza de granada
- 2 cucharadas de pasta de miso
- 1 cucharadita de ajo picado
- 1 cucharadita de jengibre pelado y picado
- 1 cucharadita de polvo de cinco especias

Instrucciones

1. Comience por precalentar la freidora de aire a 330°F (166°C).
2. Seque las pechugas de pato con toallas de papel. Mezcle las pechugas de pato con el resto de los ingredientes. Colocar las pechugas de pato en la bandeja de hornear.
3. Coloque la bandeja de horno en la posición correspondiente de la freidora de aire. Seleccione Hornear y cocine las pechugas de pato durante 15 minutos, dándoles la vuelta a mitad del tiempo de cocción.
4. Ajuste la temperatura a 176°C y continúe la cocción durante unos 15 minutos o hasta que estén bien cocidas.
5. Deje reposar durante 10 minutos antes de trinchar y servir. ¡Buen provecho!

Nutrición: Calorías: 251 Grasas: 16g Proteínas: 23g

117. Filetes de Pollo con Queso

Tiempo de preparación: 9 minutos
Tiempo de cocción: 12 minutos
Porciones: 4

Ingredientes:

- 1½ libras (680 g) de filetes de pollo
- 2 cucharadas de aceite de oliva
- 1 cucharadita de pimentón ahumado
- 1 cucharadita de mezcla de condimentos italianos
- 119g de queso Pecorino Romano rallado

Instrucciones

1. Poner la freidora de aire a 193°C
2. Secar los filetes de pollo con papel de cocina. Mezcle los filetes de pollo con el aceite de oliva y las especias. Colocar los filetes de pollo en la bandeja de crispar.
3. Coloque la bandeja de crispar en la posición correspondiente de la freidora de aire. Seleccione Freír al Aire y cocine los filetes de pollo durante 12 minutos, dándoles la vuelta a mitad del tiempo de cocción.
4. Cubra los filetes de pollo con queso rallado y sirva caliente. ¡Buen provecho!

Nutrición: Calorías: 278 Grasas: 19g Proteínas: 32g

118. Nuggets de pollo empanados dorados

Tiempo de preparación: 9 minutos
Tiempo de cocción: 12 minutos
Porciones: 4

Ingredientes:

- 1 huevo, batido
- 31g de harina para todo uso
- 126g de pan rallado sazonado
- 1 cucharada de aceite de oliva
- 1½ libras (680 g) de pechugas de pollo, cortadas en trozos pequeños

Instrucciones

1. Ajuste la freidora de aire a 380°F (193°C).
2. Mezclar el huevo y la harina. En un bol aparte, batir el pan rallado, el aceite de oliva, la sal y la pimienta negra.
3. Sumergir las pechugas de pollo en la mezcla de huevo. A continuación, pasar las pechugas de pollo por la mezcla de pan rallado.
4. Colocar las pechugas de pollo en la bandeja de crispar.
5. Coloque la bandeja de crispar en la posición correspondiente de la freidora de aire. Seleccione Freír al Aire y cocine el pollo durante 12 minutos, dándoles la vuelta a mitad del tiempo de cocción.
6. ¡Buen provecho!

Nutrición: Calorías: 259 Grasas: 20g Proteínas: 32g

119. Taquitos de pavo y queso al horno

Tiempo de preparación: 9 minutos
Tiempo de cocción: 24 minutos
Porciones: 6
Ingredientes:

- Pechugas de pavo de 1 libra (454 g), deshuesadas y sin piel
- 1 diente de ajo, picado
- 1 chile habanero, picado
- 4 onzas (113 g) de mezcla de quesos mexicanos, rallados
- 6 tortillas de maíz pequeñas
- 119g de salsa

Instrucciones

1. Poner la freidora de aire a 193°C
2. Seque las pechugas de pavo con papel de cocina. Mezcle las pechugas de pavo con la sal y la pimienta negra. Coloque las pechugas de pavo en la bandeja de crispar.

3. Coloque la bandeja de crispar en la posición correspondiente de la freidora de aire. Seleccione Freír al Aire y cocine las pechugas de pavo durante 18 minutos, dándoles la vuelta a mitad del tiempo de cocción.
4. Coloca el pollo desmenuzado, el ajo, el chile habanero y el queso en un extremo de cada tortilla. Enróllalas bien y pásalas a una bandeja de horno ligeramente aceitada.
5. Reduce la temperatura a 360°F (182°C). Coloque la bandeja para hornear en la posición correspondiente de la freidora de aire. Seleccionar Hornear y cocinar los taquitos durante 6 minutos. ¡Sirve los taquitos con salsa y disfruta!

Nutrición: Calorías: 259 Grasas: 14g Proteínas: 27g

120. Tortilla de pollo y queso

Tiempo de preparación: 8 minutos
Tiempo de cocción: 12 minutos
Porciones: 4
Ingredientes:

- 1 huevo batido
- 47g de queso parmesano rallado
- 84g de chips de tortilla triturados
- ½ cucharadita de cebolla en polvo
- ½ cucharadita de ajo en polvo
- 1 cucharadita de chile rojo en polvo
- 1½ libras (680 g) de pechugas de pollo, sin hueso y sin piel, cortadas en tiras

Instrucciones

1. Poner la freidora de aire a 193°C
2. Batir el huevo en un bol poco profundo. En otro recipiente, bata el queso parmesano, los chips de tortilla, la cebolla en polvo, el ajo en polvo y el chile rojo en polvo.
3. Sumergir los trozos de pollo en la mezcla de huevo. A continuación, pase los trozos de pollo por la mezcla de pan rallado. Colocar el pollo en la bandeja de crujientes.
4. Coloque la bandeja de crujientes en la posición correspondiente de la freidora de aire. Seleccione Freír al Aire y cocine el pollo durante 12 minutos, dándoles la vuelta a mitad del tiempo de cocción.

RECETAS CON CARNE DE RES

RECETAS DE CARNE DE RES

121. Bistec con tapenade de aceitunas

Tiempo de preparación: 11 minutos
Tiempo de cocción: 22 minutos
Porciones: 4
Ingredientes:
Bistec

- 567g de solomillo
- 1 cucharada de aceite de oliva
- Sal y pimienta al gusto

Tapenade

- 35g de cebolla roja picada
- 1 diente de ajo picado
- 1 pimiento verde picado
- 1 cucharada de perejil fresco picado
- 2 cucharadas de alcaparras
- 190g de aceitunas Kalamata, sin hueso y en rodajas
- 2 cucharadas de aceite de oliva
- 3 cucharadas de zumo de limón
- Sal y pimienta al gusto

Instrucciones
1. Prepare la freidora de aire a 204 grados C durante 5 minutos.
2. Unte los filetes con aceite.
3. Sazonar con sal y pimienta.
4. Añadir al horno de la freidora de aire.
5. Elegir la opción de freír al aire.
6. Cocinar los filetes de 5 a 6 minutos por lado.
7. Mezclar los ingredientes del tapenade.
8. Servir el filete con el tapenade.

Nutrición: Calorías: 277 Grasa: 14g Proteínas: 23g.

122. Ensalada de carne

Tiempo de preparación: 31 minutos
Tiempo de cocción: 60 minutos
Porciones: 4
Ingredientes:
Bistec

- 2 filetes de costilla, cortados en tiras

- 2 cucharaditas de ajo picado
- 60ml de salsa de soja
- 89g de miel
- 60ml de bourbon
- 60ml de salsa Worcestershire
- 53g de azúcar moreno
- 1/2 cucharadita de copos de pimienta roja

Ensalada

- 120g de lechuga romana
- 17g de cebollas rojas, cortadas en rodajas
- 1/2 pepino, cortado en dados
- 211g de tomates cherry, cortados por la mitad
- 119g queso mozzarella rallado

Instrucciones
1. Añadir los filetes a un bol.
2. En otro bol, mezclar los ingredientes de los filetes.
3. Verter la mezcla en las tiras de filete.
4. Enfriar para que se marinen durante 1 hora.
5. Prepare su freidora de aire a 204 grados C durante 5 minutos.
6. Seleccione la opción de freír al aire.
7. Cocine las tiras de filete durante 5 minutos por lado.
8. Mezclar los ingredientes de la ensalada en un bol grande.
9. Cubrir con las tiras de filete.

Nutrición: Calorías: 281 Grasa: 19g Proteínas: 31g.

123. Albóndigas

Tiempo de preparación: 9 minutos
Tiempo de cocción: 8 minutos
Porciones: 4
Ingredientes:

- 226g de carne molida
- 70g de carne de cerdo molida
- 1 cebolla picada
- 2 dientes de ajo, picados
- 2 cucharaditas de albahaca seca
- 2 cucharaditas de orégano seco

- 2 cucharaditas de perejil seco
- 126g de pan rallado
- 1 huevo batido
- 124g de queso parmesano
- Sal y pimienta al gusto
- Spray para cocinar

Instrucciones

1. Combinar todos los ingredientes
2. Mezclar bien.
3. Formar bolas con la mezcla.
4. Rociar con aceite.
5. Añadir las albóndigas al horno de la freidora de aire.
6. Elegir la opción de freír al aire.
7. Cocine a 176 grados C durante 4 minutos por lado.

Nutrición: Calorías: 251 Grasa: 15g Proteínas: 28g.

124. Enchilada de ternera

Tiempo de preparación: 4 minutos
Tiempo de cocción: 16 minutos
Porciones: 2
Ingredientes:

- 120g de carne molida magra, cocida
- 2 cucharaditas de condimento para tacos
- 53g de tomates picados
- 44g de frijoles negros
- 59g de salsa para enchiladas
- 2 tortillas

Instrucciones

1. Sazona la carne picada con el condimento para tacos.
2. Mezclar con los tomates y los frijoles negros.
3. Cubrir las tortillas con la mezcla de carne.
4. Espolvorear el queso por encima.
5. Enrollar las tortillas.
6. Colocar en la freidora de aire.
7. Pincelar con la salsa para enchiladas.
8. Seleccionar la posición de freír al aire.
9. Cocinar a 176C durante 10 minutos por ambos lados.

Nutrición: Calorías: 281 Grasa: 15g Proteínas: 22g.

125. Filete de costilla

Tiempo de preparación: 9 minutos
Tiempo de cocción: 11 minutos
Porciones: 2
Ingredientes:

- 2 filetes de costilla
- 2 cucharadas de mantequilla derretida
- Sal y pimienta al gusto

Instrucciones

1. Untar los filetes con mantequilla derretida.
2. Sazonar con sal y pimienta.
3. Precaliente el horno de su freidora de aire a 204 grados C.
4. Añada los filetes al horno de la freidora de aire.
5. Póngalo a freír con aire.
6. Cocine a 5 minutos por lado.

Nutrición: Calorías: 255 Grasa: 14g Proteínas: 22g.

126. Teriyaki de ternera

Tiempo de preparación: 4 minutos
Tiempo de cocción: 16 minutos
Porciones: 2
Ingredientes:

- 1 cucharada de salsa de soja
- 2 cucharadas de aceite de oliva
- Pimienta al gusto
- 453g de solomillo, cortado en tiras
- 1 cebolla, cortada en rodajas
- 1 pimiento rojo, cortado en tiras
- 1 pimiento verde, cortado en tiras
- 1 pimiento amarillo, cortado en tiras
- 250ml de salsa teriyaki

Instrucciones

1. Mezclar en un bol la salsa de soja, el aceite de oliva y la pimienta.
2. Rellenar la mitad de la mezcla en otro bol.
3. Incorporar las tiras de filete en el primer bol.
4. Añade la cebolla y los pimientos al otro bol.
5. Prepara tu freidora de aire a 204C.
6. Añade el filete y las verduras a la bandeja de la freidora de aire.
7. Seleccione el ajuste de asado.

8. Cocine de 5 a 7 minutos.
9. Incorporar la salsa teriyaki.
10. Cocine durante otros 2 minutos.

Nutrición: Calorías: 258 Grasas: 19g Proteínas: 27g.

127. Bistec de Nueva York

Tiempo de preparación: 4 minutos
Tiempo de cocción: 16 minutos
Porciones: 2
Ingredientes:
- 2 filetes de Nueva York
- Sal y pimienta
- 2 cucharadas de aceite de oliva
- Mantequilla con hierbas
- 119g de mantequilla
- 1 cucharadita de ajo picado
- 1 cucharadita de zumo de limón
- 1 cucharada de romero picado
- 1 cucharada de perejil picado
- 1 cucharadita de tomillo picado
- Sal y pimienta al gusto

Instrucciones
1. Combinar los ingredientes de la mantequilla de hierbas en un bol.
2. Formar un tronco con la mezcla. Envolver con plástico.
3. Refrigerar durante 1 hora.
4. Espolvorear ambos lados de los filetes con sal y pimienta.
5. Prepare su freidora de aire a 204C durante 5 minutos.
6. Elija la posición de freír al aire.
7. Cocine los filetes durante 5 minutos por lado.
8. Cubra con el trozo de mantequilla y deje que la mantequilla se derrita antes de servir.

Nutrición: Calorías: 277 Grasas: 14g Proteínas: 30g.

128. Mordiscos de bistec

Tiempo de preparación: 9 minutos
Tiempo de cocción: 8 minutos
Porciones: 4
Ingredientes:
- 453g de carne, cortada en cubos

- Aliño para el bistec
- 1 cucharada de aceite de oliva
- 1 cucharadita de cebolla en polvo
- 1 cucharadita de ajo en polvo
- 1 cucharadita de condimento Montreal para bistecs
- 1/2 cucharadita de pimienta de cayena
- Sal y pimienta al gusto

Instrucciones
1. Seleccione el ajuste de asado en su horno de freír al aire.
2. Precaliente el horno de su freidora de aire a 204 grados C.
3. Mezcle el aceite de oliva, la cebolla en polvo, el ajo en polvo, el condimento para carne, la pimienta de cayena, la sal y la pimienta.
4. Frote el filete con la mezcla.
5. Añade los filetes al horno de la freidora de aire.
6. Cocinar durante 5 minutos.
7. Gire y cocine durante otros 3 minutos.

Nutrición: Calorías: 279 Grasa: 19g Proteínas: 32g.

129. Pastel de carne

Tiempo de preparación: 12 minutos
Tiempo de cocción: 16 minutos
Porciones: 6
Ingredientes:
- 2 cucharadas de mantequilla
- 35g de cebollas
- 35g de pimientos verdes picados
- 453g de carne de cerdo molida
- 453g de carne molida de res, sin grasa
- 1 cucharada de salsa de soja
- 2 huevos batidos
- 1 cucharada de salsa Worcestershire
- 126g de pan rallado
- 59g de ketchup

Instrucciones
1. Remover la mantequilla en una sartén a fuego medio.
2. Saltear la cebolla y los pimientos durante 2 minutos.
3. Mezclar el resto de los ingredientes junto con la cebolla y los pimientos cocidos.

4. Presionar la mezcla en un molde pequeño para pan.
5. Elige la función de hornear.
6. Cocine a 176 grados C durante 15 minutos.

Nutrición: Calorías: 288 Grasa: 21g Proteínas: 34g.

130. Bistec con albahaca y mantequilla de ajo

Tiempo de preparación: 14 minutos
Tiempo de cocción: 16 minutos
Porciones: 2
Ingredientes:
- 2 filetes de costilla
- 2 cucharadas de aceite de oliva
- Sal y pimienta al gusto
- 3 ramitas de romero
- Mantequilla de ajo y albahaca
- 1/2 cucharadita de ajo en polvo
- 4 cucharaditas de albahaca fresca picada
- 119g de mantequilla
- 1 cucharadita de perejil fresco picado

Instrucciones
1. Untar ambos lados de los filetes con aceite.
2. Sazonar con sal y pimienta.
3. Añadir el filete al horno de la freidora de aire.
4. Cubrir con las ramitas de romero.
5. Añadir al horno de la freidora de aire.
6. Elegir la posición de freír al aire.
7. Cocinar a 204C durante 10 minutos por ambos lados.
8. Mezclar los ingredientes de la mantequilla de ajo y albahaca.
9. Unte la mezcla sobre los filetes antes de servir.

Nutrición: Calorías: 289 Grasas: 21g Proteínas: 38g.

131. Bistec con Chimichurri

Tiempo de preparación: 9 minutos
Tiempo de cocción: 11 minutos
Porciones: 4
Ingredientes:
- 907g de bistec de falda
- 2 cucharadas de mantequilla

- Sal y pimienta al gusto
- Salsa Chimichurri
- 60ml de aceite de oliva
- 2 cucharadas de vinagre de vino tinto
- 35g de cilantro picado
- 30g de perejil picado
- 1/2 cebolla en rodajas
- 1 diente de ajo
- 1/2 cucharadita de escamas de pimienta roja
- Sal y pimienta al gusto

Instrucciones
1. Precaliente el horno de su freidora de aire a 204 grados C.
2. Seleccione la opción de freír al aire.
3. Cubra su bistec de falda con mantequilla.
4. Sazona con sal y pimienta.
5. Colocar dentro del horno de la freidora de aire.
6. Cocinar durante 6 minutos por cada lado.
7. Añadir los ingredientes del Chimichurri al procesador de alimentos.
8. Pulsar hasta que quede suave.
9. Untar el filete con el Chimichurri y servir.

Nutrición: Calorías: 244 Grasa: 15g Proteínas: 31g.

132. Taquitos de carne y frijoles

Tiempo de preparación: 8 minutos
Tiempo de cocción: 16 minutos
Porciones: 4
Ingredientes:
- 453g de carne molida, cocida
- 100g de frijoles refritos
- 2 cucharaditas de condimento para tacos
- 4 tortillas de maíz
- 53g de tomates picados
- 47g de queso mexicano, rallado

Instrucciones
1. Mezclar la carne y las judías en un bol.
2. Sazonar con el condimento para tacos.
3. Cubrir las tortillas con la mezcla de carne.
4. Espolvorear los tomates y el queso por encima.
5. Enrolla las tortillas.

6. Añade los rollos a la bandeja de la freidora de aire.
7. Seleccionar el ajuste de freír al aire.
8. Cocine a 171 grados C durante 4 minutos por lado.

Nutrición: Calorías: 249 Grasas: 10g Proteínas: 18g.

133. Brocheta de ternera

Tiempo de preparación: 30 minutos
Tiempo de cocción: 2 horas
Porciones: 8
Ingredientes:
- 500ml de salsa teriyaki, divididas
- 679g de solomillo, cortado en cubos
- 1 cebolla, cortada en dados
- 1 pimiento verde, cortado en rodajas

Instrucciones
1. Vierte la mitad de la salsa teriyaki en una bolsa de plástico con cierre.
2. Añade los cubos de filete a la bolsa.
3. Gire para cubrirlos de manera uniforme.
4. Refrigerar durante 2 horas.
5. Ensartar los cubos de filete y las verduras en las brochetas.
6. Pincelar con el resto de la salsa.
7. Colocar en el horno de la freidora de aire.
8. Elegir la opción de grill o asado.
9. Cocine a 204C durante 10 minutos por ambos lados.

Nutrición: Calorías: 301 Grasa: 21g Proteínas: 36g.

134. Albóndigas a la barbacoa

Tiempo de preparación: 9 minutos
Tiempo de cocción: 6 minutos
Porciones: 6
Ingredientes:
- 1 paquete de albóndigas congeladas
- 250ml de salsa barbacoa

Instrucciones
1. Extiende las albóndigas en la bandeja de la freidora de aire.
2. Gire a la posición de freír al aire.
3. Cocine a 176C durante 5 minutos.
4. Vierta la salsa barbacoa en una sartén a fuego medio.

5. Caliente la salsa durante 5 minutos.
6. Mezclar las albóndigas con la salsa y servir.

Nutrición: Calorías: 302 Grasas: 21g Proteínas: 33g.

135. Carne asada

Tiempo de preparación: 11 minutos
Tiempo de cocción: 32 minutos
Porciones: 6
Ingredientes:
- 2 cucharadas de aceite de oliva
- 1 cucharada de orégano fresco picado
- Sal y pimienta al gusto
- 907g de carne para asar

Instrucciones
1. Mezclar en un bol el aceite de oliva, el orégano, la sal y la pimienta.
2. Frotar la mezcla por toda la carne asada.
3. Precaliente el horno de su freidora a 204 grados C.
4. Elija el ajuste de asado.
5. Agregue la carne asada a la freidora de aire.
6. Asar de 12 a 15 minutos por lado.

Nutrición: Calorías: 255 Grasa: 14g Proteínas: 26g.

136. Hamburguesa de ternera con bacon

Tiempo de preparación: 4 minutos
Tiempo de cocción: 16 minutos
Porciones: 4
Ingredientes:
Patty
- 35g de cebolla picada
- 679g de carne picada magra
- 1 cucharadita de salsa Worcestershire
- 1 cucharadita de salsa de soja
- 1 cucharadita de perejil seco
- 1 cucharadita de ajo en polvo
Hamburguesa
- 4 rebanadas de tocino cocido
- 4 rollos de hamburguesa

Instrucciones
1. En un bol, combinar los ingredientes de la hamburguesa.
2. Formar hamburguesas con la mezcla.

3. Colocar las hamburguesas dentro del horno de la freidora de aire.
4. Seleccione el ajuste de grill.
5. Cocine a 204C durante 8 minutos.
6. Voltee y cocine por otros 3 minutos.
7. Servir en panes de hamburguesa con tocino.

Nutrición: Calorías: 274 Grasa: 19g Proteínas: 31g.

137. Bistec con mantequilla de romero

Tiempo de preparación: 20 minutos
Tiempo de cocción: 60 minutos
Porciones: 2
Ingredientes:
- 2 filetes de costilla o chuleta
- Sal y pimienta al gusto
- 60g de mantequilla
- 1 cucharada de romero picado

Instrucciones
1. Precaliente el horno de su freidora de aire a 204 grados C durante 5 minutos.
2. Elija el ajuste de freír al aire.
3. Sazone los filetes con sal y pimienta.
4. En un bol, mezclar la mantequilla y el romero.
5. Formar figuras redondas con la mezcla.
6. Envolver con plástico.
7. Refrigerar durante 1 hora.
8. Cocinar los filetes en el horno de la freidora de aire durante 6 minutos por lado.
9. Cubrir con la mantequilla de hierbas antes de servir.

Nutrición: Calorías: 279 Grasas: 14g Proteínas: 24g.

138. Solomillo con mantequilla de mostaza

Tiempo de preparación: 9 minutos
Tiempo de cocción: 11 minutos
Porciones: 2
Ingredientes:
- 2 filetes de solomillo
- 2 cucharadas de aceite de oliva
- Sal y pimienta al gusto

- Mantequilla de mostaza
- 2 cucharadas de mantequilla
- 1 cucharada de cebolleta picada
- 1 cucharadita de mostaza
- Sal y pimienta al gusto

Instrucciones
1. Prepara tu freidora de aire a 204C durante 5 minutos.
2. Unte los filetes con aceite.
3. Sazone con sal y pimienta.
4. Elija el ajuste de freír en el horno de su freidora de aire.
5. Cocine los filetes durante 12 minutos por ambos lados.
6. Mezcla los ingredientes de la mantequilla de mostaza en un bol.
7. Presionar en una pequeña fuente circular.
8. Tapar y refrigerar durante 1 hora.
9. Cubrir los filetes con la mantequilla de mostaza y servir.

Nutrición: Calorías: 281 Grasas: 22g Proteínas: 37g.

139. Filetes al Bourbon

Tiempo de preparación: 20 minutos
Tiempo de cocción: 60 minutos
Porciones: 4
Ingredientes:
- 453g de bistec, cortado en cubos
Marinade
- 125ml de aceite vegetal
- 125ml de bourbon
- 125ml de salsa Worcestershire
- 112g de mostaza
- 106g de azúcar moreno

Instrucciones
1. Mezclar los ingredientes de la marinada en un bol.
2. Añadir los cubos de filete a la marinada.
3. Enfriar para que se marine durante 1 hora.
4. Transfiera los cubos de filete a la bandeja de la freidora de aire.
5. Seleccione el ajuste de la parrilla.
6. Prográmelo a 204 grados C.
7. Cocine durante 5 minutos.
8. Gire y cocine durante otros 5 minutos.

Nutrición: Calorías: 260 Grasas: 17g Proteínas: 30g

140. Bistec de costilla con ajo y cebollino con mantequilla

Tiempo de preparación: 20 minutos
Tiempo de cocción: 60 minutos
Porciones: 2

Ingredientes:

- 2 filetes de costilla
- Aceite de oliva
- Sal y pimienta al gusto
- Mantequilla de ajo y cebollino
- 119g de mantequilla
- 1 diente de ajo picado
- 1 cucharada de cebollino picado

Instrucciones

1. Combinar los ingredientes de la mantequilla en un bol.
2. Refrigerar durante 1 hora.
3. Prepare su freidora de aire a 204C durante 5 minutos.
4. Unte los filetes con aceite y sazone bien.
5. Coloque dentro del horno de la freidora de aire.
6. Elegir la opción de freír al aire.
7. Freír al aire los filetes durante 6 minutos.
8. Dar la vuelta y cocinar durante otros 6 minutos.
9. Cubrir los filetes con el compuesto de mantequilla y servir.

Nutrición: Calorías: 255 Grasas: 16g Proteínas: 25g.

141. Carne en conserva y patatas

Tiempo de preparación: 9 minutos
Tiempo de cocción: 60 minutos
Porciones: 6

Ingredientes:

- 1.8Kg de pechuga de ternera en conserva
- 2 dientes de ajo (picados)
- 2 naranjas (en rodajas)
- 1/2 cucharadita de pimienta
- Sal, al gusto
- 4 patatas medianas (cortados en trozos)
- 500ml de agua
- 4 ramas de canela (cortadas por la mitad)

- 311g de apio (cortado en rodajas finas)
- 1 cucharada de eneldo (seco)
- 3 hojas de laurel
- 2 cebollas cortadas en rodajas finas

Instrucciones:

1. Incorpore todos los ingredientes y luego páselos a la Olla a Presión y Freidora de Aire.
2. Ponga la Olla a Presión en el modo de carne a presión (medio). Ajuste el tiempo de cocción a 20 minutos. Cubra con la Tapa de Presión y deje que se cocine.
3. Libere la presión con la función de Liberación Rápida. Deje que se enfríe durante 5-7 minutos.
4. Servir con las verduras y el jugo de la Olla y Freidora.

Nutrición: Calorías: 251 Grasas: 3,14g Proteínas: 7g

142. Curry de ternera

Tiempo de preparación: 9 minutos
Tiempo de cocción: 12 minutos
Porciones: 4

Ingredientes:

- 907g de bistec (cortado en dados)
- 250ml de leche de coco sin azúcar
- 3 patatas medianas (cortadas en dados)
- 1 cucharada de mostaza de Dijon
- 500ml de agua
- 2-1/2 cucharadas de curry en polvo
- 2 cebollas amarillas pequeñas (peladas y cortadas en dados)
- 2 dientes de ajo pelados y preferiblemente picados
- 2 cucharadas de salsa de tomate
- 2 cucharadas de aceite de oliva virgen extra
- Sal y pimienta negra molida, al gusto

Instrucciones:

1. Ponga la olla a presión y la freidora de aire en el modo de saltear.
2. Caliente el aceite, añada la carne y cocínela durante 3 minutos por cada lado o hasta que esté dorada. Retirar y dejar a un lado.
3. Añada la cebolla y el ajo. Saltear durante 2-3minutos o hasta que la cebolla esté translúcida.

4. Añada el resto de los ingredientes y cocine durante 5-7 minutos. Cambie a la modalidad de carne al vapor y cocine a fuego lento durante 3 minutos más
5. Añada agua hasta cubrir y tape con la tapa de cristal. Deje que se cocine durante 10 minutos
6. Destape la tapa y sirva.

Nutrición: Calorías: 334 Grasas: 42g Proteínas: 46g

143. Carne de vaca a la Stroganoff

Tiempo de preparación: 9 minutos
Tiempo de cocción: 31 minutos
Porciones: 6
Ingredientes:

- 1.3Kg de carne de res (cortada en cubos de 1 pulgada de espesor)
- 3 cucharadas de salsa Worcestershire
- 1 cebolla (picada)
- 1-1/2 cucharadas de fécula de maíz
- 2 cucharadas de aceite vegetal
- 1-1/2 cucharadas de almidón de maíz
- 1-1/2 cucharadas de pasta de tomate
- 2 dientes de ajo (prensados)
- 86g de crema agria
- 283g de champiñones (en rodajas)
- Sal y pimienta negra molida, al gusto
- Fideos de huevo, (cocidos)
- 250ml de caldo de carne
- 3 cucharadas de agua

Instrucciones:
1. En un bol, mezclar la carne, la harina, la sal, la pimienta y mezclar hasta que la carne esté bien cubierta.
2. Ponga la olla a presión y freidora de aire en modo saltear. Caliente ½ del aceite y la mantequilla en una sartén a fuego bajo-medio, añada el champiñón y cocínelo durante 3-5 minutos o hasta que esté dorado. Sazone con sal, pimienta y reserve.
3. Caliente el aceite restante y dore la carne por todos los lados.
4. Retirar la carne y reservar, añadir las cebollas y cocinar durante 3-5 minutos o hasta que estén blandas y translúcidas.

Incorpore el ajo y la pasta de tomate y cocine durante 2 minutos más.
5. Añadir el caldo de carne y la salsa Worcestershire. Cocine durante 1 minuto más. Incorpore los cubos de carne dorados. Cubra la Olla a Presión y Freidora de Aire con la Tapa de Cristal y deje que se cocine al vapor durante 10 minutos.
6. Destape la Olla a Presión. En un bol, bata la maicena y el agua hasta que estén bien combinados. Añadir la mezcla a la olla a presión, remover para combinar. Cocer al vapor hasta que la salsa espese. Incorpore la crema agria y el champiñón.
7. Servir con los fideos de huevo.

Nutrición: Calorías: 459 Grasas: 18,4g Proteínas: 35g

144. Chili de ternera

Tiempo de preparación: 11 minutos
Tiempo de cocción: 30 minutos
Porciones: 6
Ingredientes:

- 679g de carne molida
- 1 (340g) de alubias rojas (escurridas)
- 2 (793g) tomates enlatados en cubos
- 1 cebolla blanca (picada)
- 1/2 cucharadita de comino (molido)
- 375ml de caldo de carne
- 250ml de cerveza
- 2 cucharadas de aceite de oliva
- 6 dientes de ajo (picados)
- 4 zanahorias (peladas y cortadas en dados)
- 3 cucharadas de chile en polvo
- 1 cucharadita de chile en polvo
- 1 hoja de laurel
- 7 chiles jalapeños (picados)
- 150g de queso cheddar rallado
- Sal y pimienta negra molida, al gusto

Instrucciones:
1. Ponga la olla a presión y freidora de aire en el modo de saltear.
2. Caliente 1 cucharada de aceite, añada la carne y deje que se cocine durante 5-8 minutos o hasta que esté ligeramente dorada (cocinando la carne por tandas). Pasar a un bol y dejar a un lado.

3. Añada el aceite restante a la olla, añada las cebollas, el ajo, la zanahoria, la cebolla, el comino, el chile en polvo y el chile jalapeño. Cocine durante 3-5 minutos o hasta que se dore. Incorpore la cerveza, los tomates, el caldo y las hojas de laurel y sazone con sal y pimienta.
4. Ponga la olla a presión y freidora de aire en el modo de cocción lenta de carne (medio). Cubra con la tapa de presión.
5. Una vez hecho, libere la presión de forma natural durante 10 minutos. Haga una liberación rápida de la presión hasta que la válvula baje. Destape la Olla a Presión y Freidora de Aire. Incorpore las alubias rojas y deje cocer a fuego lento durante 5-7 minutos.
6. Servir con el queso.

Nutrición: Calorías: 372 Grasas: 16g Proteínas: 45g

145. Carne Bourguignon

Tiempo de preparación: 13 minutos
Tiempo de cocción: 32 minutos
Porciones: 6
Ingredientes:
- 3.6Kg de bistec redondo (cortado con un grosor de 1.2cm)
- 250ml de vino tinto seco
- 2 zanahorias grandes (peladas y cortadas en rodajas)
- 125ml de caldo de carne
- 2 dientes de ajo (prensados)
- 3 rebanadas de tocino (en cubos)
- 53g de champiñones (en rodajas)
- 2 cucharadas de harina de maíz
- 70g de cebollas perladas
- 1/4 de cucharadita de albahaca seca
- Sal y pimienta negra molida, al gusto
- 2 cucharadas de aceite de oliva

Instrucciones:
1. Ponga la olla a presión y freidora de aire en el modo de saltear.
2. Caliente el aceite en la olla a presión, añada el bacon y dórelo por todos los lados durante 2-3 minutos. Añada la carne y cocine de 3 a 5 minutos o hasta que se dore

(esto debe hacerse preferentemente en tandas). Retirar y dejar a un lado.
3. Añadir la cebolla y el ajo y dejar que se cocinen durante 1 minuto. Incorporar la carne, el vino, el caldo de carne, la albahaca, el tocino, la sal, la pimienta y la harina.
4. Ponga la olla a presión y freidora de aire en el modo de carne a presión (medio). Cubra con la Tapa de Presión y deje durante 30 minutos.
5. Libere la presión, destape la olla a presión e incorpore las zanahorias y los champiñones. Tapar y ajustar al Modo Vapor-Cocinar durante 5-7 minutos más.
6. Suelte la presión y sirva.

Nutrición: Calorías: 342 Grasas: 17g Proteínas: 39g

146. Jarrete de cordero

Tiempo de preparación: 21 minutos
Tiempo de cocción: 33 minutos
Porciones: 4
Ingredientes:
- 4 patas de cordero
- 1 cebolla grande (picada)
- 3 zanahorias peladas y picadas
- 2 cucharadas de aceite de oliva virgen extra
- 2 cucharadas de harina blanca
- 2 dientes de ajo (picados)
- 2 cucharadas de pasta de tomate
- 1 lata (340g) de tomates picados
- 2 cucharadas de agua
- 1 cucharadita de orégano seco
- Sal y pimienta negra molida, al gusto
- 1 cubo de caldo de carne
- 60mlde vino tinto

Instrucciones:
1. En un bol, añadir la harina, la sal, el jarrete de cordero y la pimienta y mezclar.
2. Poner la Olla a Presión y Freidora de Aire en Modo Saltear. Caliente el aceite en la olla a presión, añada el jarrete de cordero y cocínelo durante 3-5 minutos o hasta que se dore. Retirar y dejar a un lado.

3. Añada la cebolla, el orégano, la zanahoria y el ajo a la olla a presión. Remover y cocinar durante 5 minutos.
4. Añadir el resto de ingredientes y tapar con la Tapa de Cristal-Cocinar durante 30minutos.
5. Suelte la presión, destape la Olla a Presión y déjela enfriar.
6. Servir con la salsa

Nutrición: Calorías: 330 Grasas: 17g Proteínas: 30g

147. Costillas de cordero

Tiempo de preparación: 9 minutos
Tiempo de cocción: 32 minutos
Porciones: 8
Ingredientes:
- 8 costillas de cordero
- 250ml de caldo de carne
- 4 ramitas de romero
- 1 cucharada de ajo en polvo
- 2 zanahorias (peladas y picadas)
- 1 cucharadita de pimentón
- 2 cucharadas de aceite de oliva virgen extra
- Sal y pimienta negra molida, al gusto
- 3 cucharadas de harina blanca

Instrucciones:
1. Espolvorear el jarrete de cordero por todos los lados con ajo en polvo, sal y pimienta.
2. Ponga la olla a presión y freidora de aire en modo saltear. Caliente el aceite, añada el cordero y dórelo por todos los lados.
3. Añada la harina, el caldo, el romero y la zanahoria, y remuévalos. Cubra la olla a presión con la tapa de presión.
4. Ponga la Olla a Presión y Freidora de Aire en el Modo de Carne a Presión (Corto).
5. Libere la presión, destape la Olla a Presión, deseche el romero.
6. Servir con la salsa.

Nutrición: Calorías: 234 Grasas: 8,4g Proteínas: 35g

148. Cordero mediterráneo

Tiempo de preparación: 15 minutos
Tiempo de cocción: 60 minutos
Porciones: 4

Ingredientes:
- 2.7Kg de pierna de cordero, (sin hueso)
- 1 cucharadita de mejorana
- 2 cucharadas de aceite de oliva virgen extra
- Sal y pimienta negra molida, al gusto
- 1 hoja de laurel
- 1 cucharadita de jengibre rallado
- 3 dientes de ajo, (picados)
- 1 cucharadita de tomillo seco
- 1 cucharadita de salvia seca
- 500ml de caldo
- 3 cucharadas de polvo de arrurruz
- 80ml de agua
- 1.3Kg de patatas picadas

Instrucciones:
1. Ponga la olla a presión y freidora de aire en modo saltear. Cocine el aceite, remueva el cordero y dórelo por todos los lados.
2. Incorpore a la olla los ingredientes, excluyendo el arrurruz y las patatas, y programe el Modo Carne a Presión (Corto).
3. Deje que la presión se libere de forma natural durante 10 minutos y, a continuación, libere rápidamente la presión. Destape la olla a presión.
4. Añada las patatas y el arrurruz a la mezcla y cambie el modo de cocción a Vapor Vegetal (Medio) y deje que se cocine durante unos 15 minutos.
5. Servir y disfrutar.

Nutrición: Calorías: 308 Grasas: 15g Proteínas: 30g

149. Cordero al curry

Tiempo de preparación: 9 minutos
Tiempo de cocción: 26 minutos
Porciones: 6
Ingredientes:
- 679g (cortadas en tamaño medio)
- 60ml de leche de coco
- 3 cucharadas de agua
- 2 cucharadas de aceite vegetal
- 60ml de vino blanco seco
- 3 cucharadas de crema pura
- Sal y pimienta negra molida, al gusto

- 3 cucharadas de curry en polvo (dividido a la mitad)
- 1 cebolla (picada)
- 1 cucharada de perejil fresco picado

Instrucciones:

1. En un bol, añade la mitad del curry en polvo, la sal, la pimienta y la leche de coco y mezcla bien.
2. Ponga la olla a presión y freidora de aire en modo saltear. Añada el aceite, incorpore las cebollas y cocine durante 4 minutos o hasta que estén blandas y tiernas. Añada la otra mitad del curry, remueva y cocine durante 1 minuto.
3. Añada el cordero, dórelo durante 3 minutos y añada el agua, la sal, la pimienta y el vino. Remover y tapar la olla con la tapa a presión.
4. Ponga la Olla a Presión y Freidora de Aire en el Modo de Cocción Lenta de la Carne (Medio).
5. Libere la presión, destape la Tapa y añada la mezcla de leche de coco, revuelva y cocine al vapor durante 5 minutos.
6. Espolvorear con perejil y servir.

Nutrición: Calorías: 278 Grasas: 8g Proteínas: 22g

150. Chuletas de cordero

Tiempo de preparación: 11 minutos
Tiempo de cocción: 39 minutos
Porciones: 6

Ingredientes:

- 1.3Kg de chuletas de cordero
- Sal y pimienta negra molida, al gusto 2 cucharadas de harina
- 2 cucharadas de aceite de oliva virgen extra
- 60ml de vino tinto
- 2 cebollas peladas y picadas
- 2 ramas de apio (picadas)
- 153g de guisantes verdes
- 2 dientes de ajo, (machacados)
- 2 zanahorias, peladas y cortadas en rodajas
- 14 0z. de tomates enlatados en cubos
- 23g de judías verdes
- 2 cucharadas de salsa de tomate
- 2 hojas de laurel
- 2 cucharadas de perejil fresco picado

- Caldo de carne

Instrucciones:

1. En un bol, añadir la harina, la sal, la pimienta, las chuletas de cordero y mezclar.
2. Ponga la olla a presión y la freidora de aire en modo saltear. Caliente el aceite, añada el cordero y dórelo durante 3-5 minutos por todos los lados. Reserve.
3. Añada el ajo y la cebolla, mezcle y cocine durante 2 minutos. Vierta el vino y cocine durante 2 minutos.
4. Añade las hojas de laurel, las zanahorias, el apio y las chuletas de cordero a la olla a presión Lagasse. Añada los tomates, la salsa de tomate, las judías verdes y los guisantes y mezcle. Añadir suficiente caldo para cubrir todo, tapar la Olla a Presión Lagasse y cubrir con la Tapa de Presión.
5. Ponga la Olla a Presión y la Freidora de Aire en el Modo de Carne a Presión (Medio).
6. Libere la presión, destape la Olla a Presión Lagasse, añada el perejil y sazone con sal y pimienta
7. Servir y disfrutar.

Nutrición: Calorías 335 Grasas: 31g Proteínas: 22g

151. Pierna de cordero asada

Tiempo de preparación: 20 minutos
Tiempo de cocción: 1 hora y 10 minutos
Porciones: 8

Ingredientes:

- 453g de pierna de cordero
- 15g de ajo picado
- 3 cucharadas de orégano picado
- 2 cucharadas de romero fresco picado
- 1 cucharada de condimento criollo
- Sal y pimienta al gusto

Instrucciones:

1. Condimentar el cordero con ajo, orégano, romero, condimento criollo, sal y pimienta.
2. Atarlo con hilo de carnicero.
3. Sujételo al asador.
4. Elegir la posición del asador.
5. Cocine a 190 grados C durante 70 minutos.

Nutrición: Calorías 82 Grasa: 3,8 g Proteínas: 2.9 g

152. Cordero con ajo y romero

Tiempo de preparación: 10 minutos
Tiempo de cocción: 25 minutos
Porciones: 6
Ingredientes:
- 2 cucharadas de aceite de oliva
- 60ml de caldo de carne
- 5 dientes de ajo picados
- 2 cucharadas de romero fresco, picado
- Sal y pimienta al gusto
- 1.3Kg de pierna de cordero

Instrucciones:
1. Combinar en un bol el aceite de oliva, el caldo, el ajo, el romero, la sal y la pimienta.
2. Pincelar todos los lados del cordero con el condimento.
3. Colócalo en el crisol de aire.
4. Seleccione el ajuste de freír con aire.
5. Cocine a 350F durante 25 minutos.

Nutrición: Calorías 400 Grasa: 19,7 g Proteínas: 13.8g

153. Chuletas de cordero a la parrilla

Tiempo de preparación: 5 minutos
Tiempo de cocción: 7 minutos
Porciones: 4
Ingredientes:
- 4 chuletas de cordero
- 3 cucharadas de aceite de oliva
- 4 cucharadas de albahaca picada
- 2 cucharaditas de ajo en polvo
- Sal y pimienta al gusto

Instrucciones:
1. Frotar las chuletas de cordero con la mezcla de aceite de oliva, albahaca, ajo en polvo, sal y pimienta.
2. Colocar las chuletas de cordero en la bandeja de crujientes de aire.
3. Gire el mando a la posición de grill.
4. Cocine las chuletas de cordero a 204 grados C durante 7 minutos.
5. Gire y cocine durante otros 7 minutos.

Nutrición: Calorías: 317 Grasas: 5,3 g Proteínas: 12,2 g

154. Chuletas de cordero griegas

Tiempo de preparación: 15 minutos
Tiempo de cocción: 25 minutos
Porciones: 6
Ingredientes:
- 2 dientes de ajo picados
- 60ml de aceite de oliva
- 60ml de zumo de limón
- 2 cucharaditas de orégano seco
- Sal y pimienta al gusto
- 907g de chuletas de cordero

Instrucciones:
1. En un bol, combinar el ajo, el aceite de oliva, el zumo de limón, el orégano, la sal y la pimienta.
2. Cubrir ambos lados de las chuletas de cordero con esta mezcla.
3. Añádelas al horno de tu freidora de aire.
4. Ponga el horno de la freidora de aire a hornear.
5. Cocine a 176 grados C durante 15 minutos.
6. Voltee y cocine por otros 10 minutos o hasta que esté completamente cocido por dentro.

Nutrición: Calorías: 118 Grasa: 10 g Proteínas: 5 g

155. Cordero a las hierbas

Tiempo de preparación: 5 minutos
Tiempo de cocción: 15 minutos
Porciones: 4
Ingredientes:
- 4 cucharadas de aceite de oliva
- 1 cucharadita de ajo en polvo
- 2 cucharadas de romero seco
- 1 cucharada de tomillo seco
- 2 cucharadas de perejil picado
- Sal y pimienta al gusto
- 1 costillar de cordero

Instrucciones:
1. Mezclar en un bol el aceite, el ajo en polvo, las hierbas, la sal y la pimienta.
2. Frote el cordero con la mezcla.
3. Colócalo en el horno de la freidora.
4. Seleccione el ajuste de freír con aire.
5. Cocine a 360F durante 10 minutos.

6. Dar la vuelta y cocinar durante otros 10 minutos.

Nutrición: Calorías 358,7 Grasa: 18,4 g Proteínas: 9.8 g

156. Bistec de falda

Tiempo de preparación: 6 horas y 20 minutos
Tiempo de cocción: 20 minutos
Porciones: 4
Ingredientes:

- Chimichurri
- 125ml de aceite de oliva
- 3 cucharadas de ajo picado
- 17g de hojas de albahaca fresca, picada
- 2 cucharadas de zumo de lima
- 125g de vinagre
- 1 cucharada de hojas de mejorana, picadas
- 70g de cilantro picado
- 2 cucharadas de chalotas picadas
- Bistec
- 907g de bistec de falda
- Sal y pimienta al gusto

Instrucciones:

1. Mezclar los ingredientes del chimichurri en un procesador de alimentos.
2. Pulsar hasta que estén bien combinados.
3. Sazonar la arrachera con sal y pimienta.
4. Untar 1 taza de chimichurri en ambos lados de los filetes.
5. Tapar y refrigerar durante 6 horas.
6. Añade los filetes a la rejilla para pizza.
7. Seleccione la función de freír al aire.
8. Cocine a 204 grados C durante 18 a 20 minutos.
9. Sirva con el resto del chimichurri.

Nutrición: Calorías: 200 Grasas: 8 g de proteínas: 14 g

157. Carne de vaca coreana

Tiempo de preparación: 10 minutos
Tiempo de cocción: 10 minutos
Porciones: 4
Ingredientes:

- 1 cucharada de ajo picado

- 1 cucharada de jengibre picado
- 2 cucharadas de zumo de naranja
- 60ml de salsa de soja
- 1 cucharada de copos de pimienta roja
- 100g de cebolletas
- 1 cucharada de azúcar moreno
- 2 cucharaditas de aceite de sésamo
- 453g de filetes de solomillo

Instrucciones:

1. Combinar todos los ingredientes en un bol.
2. Cubrir y marinar el filete durante 4 horas.
3. Colocar el filete en la bandeja de crujientes de aire.
4. Córtelo en rodajas dentro del horno de la freidora de aire.
5. Elija el ajuste de fritura por aire.
6. Cocine a 204 grados C durante 10 minutos.

Nutrición: Calorías: 297 Grasa: 5,4 g Proteínas: 18.1 g

158. Hamburguesa gigante

Tiempo de preparación: 20 minutos
Tiempo de cocción: 40 minutos
Porciones: 4
Ingredientes:
Patty

- 3 lb. de carne picada
- 226g. de tocino, cocido crujiente y picado
- 1 cucharada de condimento criollo
- Sal y pimienta al gusto

Hamburguesa

- 2 cortezas de pizza
- 230g de queso Monterey Jack, rallado
- 150g de queso cheddar rallado
- 25g de cebolla picada
- 30g de pepinillos de eneldo, cortados en dados

Instrucciones:

1. Mezclar los ingredientes de la hamburguesa en un bol.
2. Formar una hamburguesa grande con la mezcla.
3. Añade la hamburguesa a la bandeja de crujientes.
4. Colóquela dentro del horno de la freidora de aire.
5. Pulse el ajuste de horneado.

6. Cocine durante 25 minutos.
7. Transfiera la hamburguesa sobre la corteza de la pizza
8. Cubrir con el queso, la cebolla y los pepinillos.
9. Cubrir con la otra masa de pizza.
10. Añade la hamburguesa gigante dentro del horno de la freidora de aire.
11. Presiona para que se tueste.
12. Tostar durante 15 minutos.

Nutrición: Calorías: 231 Grasas: 6 g de proteínas: 24 g

159. Carne asada al aire libre

Tiempo de preparación: 15 minutos
Tiempo de cocción: 1 hora y 15 minutos
Porciones: 6
Ingredientes:

- 453g de carne asada
- Sal y pimienta al gusto
- 1 cucharada de condimento criollo
- 3 cucharadas de aceite de oliva
- 1 cebolla, cortada en rodajas
- 5 dientes de ajo machacados
- 3 ramitas de tomillo
- 500ml de caldo de carne
- 3 cucharadas de mantequilla ablandada
- 3 cucharadas de harina

Instrucciones:

1. Condimentar todos los lados del asado con sal, pimienta y condimento criollo.
2. Añadir el aceite de oliva a una sartén a fuego medio.
3. Dorar el asado por todos los lados.
4. Añadir la cebolla, el ajo y el tomillo.
5. Verter el caldo.
6. Cocer a fuego lento durante 10 minutos.
7. Pasar la carne a una bandeja de horno.
8. Introducir en el horno de la freidora de aire.
9. Elija el ajuste de asado.
10. Cocine a 325F durante 60 minutos.
11. Añadir la mantequilla y la harina al líquido de cocción en la sartén.
12. Cocinar a fuego lento durante 5 minutos.
13. Verter la salsa sobre el asado y servir.

Nutrición: Calorías: 250 Grasas: 25 g de proteínas: 14 g

160. Roulade de filete

Tiempo de preparación: 10 minutos
Tiempo de cocción: 35 minutos
Porciones: 4
Ingredientes:

- 1 cucharada de aceite de oliva
- 127g de espinacas
- 3 dientes de ajo, en rodajas
- 907g de bistec de falda, cortado con mantequilla
- Sal y pimienta al gusto
- 9 rebanadas de queso cheddar
- 105g de pimientos asados

Instrucciones:

1. Verter el aceite de oliva en una sartén a fuego medio.
2. Cocinar el ajo y las espinacas durante 2 minutos.
3. Sazona el filete con sal y pimienta.
4. Cubrir cada filete con las espinacas, el queso y los pimientos.
5. Enrolla el filete y asegúralo con un hilo de cocina.
6. Fijar el roulade en el asador.
7. Poner el horno de la freidora de aire en función de asador.
8. Programe el horno a 190 grados C durante 30 minutos.

Nutrición: Calorías 193 Grasa: 2g Proteínas: 9g

RECETAS DE CARNE DE CERDO

161. Lechón Kawali

Tiempo de preparación: 9 minutos
Tiempo de cocción: 30 minutos
Porciones: 4
Ingredientes:

- 454 g de panza de cerdo, cortada en tres trozos gruesos
- 6 dientes de ajo
- 2 hojas de laurel
- 2 cucharadas de salsa de soja
- 1 cucharadita de sal kosher
- 1 cucharadita de pimienta negra molida
- 750ml de agua
- Spray de cocina

Instrucciones

1. Poner todos los ingredientes en una olla a presión, luego poner la tapa y cocinar a fuego alto durante 15 minutos.
2. Naturalmente, libera la presión y suelta lo que queda, transfiere la panza de cerdo tierna sobre una superficie de trabajo limpia. Deje que se enfríe a temperatura ambiente hasta que pueda manipularla.
3. Rocíe generosamente la cesta de freír al aire con spray de cocina.
4. Corta cada trozo en dos rodajas y pon las rodajas de cerdo en la cesta.
5. 5. Pulsa Air Fry, Superconvección. Ajuste la temperatura a 204°C y haga clic en tiempo a 15 minutos. Selecciona Start/Stop para precalentar.
6. Cuando haya terminado, sitúe la cesta en posición de freír al aire.
7. Después de 7 minutos, retire la cesta del horno. Déle la vuelta a la carne de cerdo. Vuelva a colocar la cesta en el horno y continúe la cocción.
8. Al finalizar la cocción, la grasa del cerdo debe estar crujiente.
9. Servir inmediatamente.

Nutrición: Calorías 339 Grasas: 31g Proteínas: 20g

162. Schnitzel de lomo de cerdo al limón

Tiempo de preparación: 15 minutos
Tiempo de cocción: 16 minutos
Porciones: 4
Ingredientes:

- 4 chuletas finas de lomo deshuesadas
- 2 cucharadas de zumo de limón
- 62g de harina
- ¼ de cucharadita de mejorana
- 1 cucharadita de sal
- 126g de pan rallado panko
- 2 huevos
- Gajos de limón, para servir
- Spray para cocinar

Instrucciones

1. En una superficie de trabajo limpia, rociar las chuletas de cerdo con zumo de limón por ambos lados.
2. Mezclar la harina con la mejorana y la sal en un plato llano. Vierta el pan rallado en otro plato llano. Batir los huevos en un bol grande.
3. Rebozar las chuletas de cerdo en la harina y luego sumergirlas en los huevos batidos para cubrirlas bien. Sacudir el exceso y pasarlas por el pan rallado. Colocar las chuletas de cerdo en la cesta de freír al aire y rociarlas con spray de cocina.
4. 4. Pulsa Air Fry, Superconvección. Selecciona la temperatura a 204°C y ajusta el tiempo a 15 minutos. Haga clic en Start/Stop para comenzar el precalentamiento.
5. Una vez hecho esto, ponga la cesta en posición de freír al aire.
6. Después de 7 minutos, retire la cesta del horno. Déle la vuelta a la carne de cerdo. Vuelva a colocar la cesta en el horno y continúe la cocción.
7. Cuando la cocción esté completa, la carne de cerdo debe estar crujiente y dorada.

8. Exprimir los trozos de limón sobre las chuletas fritas y servir inmediatamente.

Nutrición: Calorías 322 Grasa: 31g Proteínas: 20g

163. Brochetas de cerdo y verduras con pimentón ahumado

Tiempo de preparación: 25 minutos
Tiempo de cocción: 16 minutos
Porciones: 4
Ingredientes:
- 1 libra (454 g) de lomo de cerdo, cortado en cubos
- 1 cucharadita de pimentón ahumado
- Sal y pimienta negra molida, al gusto
- 1 pimiento verde, cortado en trozos
- 1 calabacín cortado en trozos
- 1 cebolla roja, cortada en rodajas
- 1 cucharada de orégano
- Spray para cocinar

Instrucciones
1. Engrase la cesta de freír al aire con spray de cocina.
2. Ponga la carne de cerdo en un bol y sazone con el pimentón ahumado, la sal y la pimienta negra. Ensartar los dados de cerdo sazonados y las verduras alternativamente en las brochetas empapadas. Disponga las brochetas en la cesta.
3. Haga clic en Air Fry, Superconvección. Ajuste la temperatura a 176ºC y luego la alarma a 15 minutos. Seleccione Inicio/Parada para comenzar el precalentamiento.
4. Una vez hecho esto, sitúe la cesta en posición de freír al aire.
5. Después de 7 minutos, retire la cesta del horno. Dé la vuelta a las brochetas de cerdo. Vuelva a colocar la cesta en el horno y continúe la cocción.
6. Cuando termine la cocción, la carne de cerdo debe estar dorada y las verduras tiernas.
7. Pase las brochetas a los platos de servir y espolvoree con orégano. Servir caliente.

Nutrición: Calorías 338 Grasas: 32g Proteínas: 20g

164. Pinchos de cerdo, pimiento y piña

Tiempo de preparación: 9 minutos
Tiempo de cocción: 12 minutos
Porciones: 4
Ingredientes:
- ¼ de cucharadita de sal kosher
- 1 lomo de cerdo mediano (aproximadamente 454 g), cortado en trozos de 3.8cm
- 1 pimiento rojo y verde cortado en trozos de 2.5cm
- 360g de trozos de piña fresca
- 180ml de salsa Teriyaki o una variedad comprada en la tienda, dividida

Instrucciones
1. Espolvorear los cubos de cerdo con la sal.
2. Ensartar la carne de cerdo, los pimientos y la piña en una brocheta. Repita la operación hasta completar todas las brochetas. Unte las brochetas generosamente con la mitad de la salsa Teriyaki. Colócalas en la bandeja.
3. Selecciona Asar, Superconvección, ajusta la temperatura a 375ºF (190ºC) y el tiempo a 10 minutos. Selecciona Inicio/Parar para comenzar el precalentamiento.
4. Una vez que el aparato se haya precalentado, coloque la sartén en la posición de asado.
5. Después de 6 minutos, saque la bandeja del horno. Dé la vuelta a las brochetas y úntelas con la mitad restante de la salsa Teriyaki. Vuelva a meter la sartén en el horno y continúe la cocción hasta que las verduras estén tiernas y doradas en algunas partes y la carne de cerdo esté dorada y hecha.
6. Saque la sartén y sirva.

Nutrición: Calorías 325 Grasa: 24g Proteínas: 22g

165. Brochetas de cerdo y verduras tricolores

Tiempo de preparación: 80 minutos
Tiempo de cocción: 8 minutos
Porciones: 4

Ingredientes:

Para el cerdo:

- 1 libra (454 g) de filete de cerdo, cortado en cubos
- 1 cucharada de vinagre de vino blanco
- 3 cucharadas de salsa para carne
- 60ml de salsa de soja
- 1 cucharadita de chile en polvo
- 1 cucharadita de copos de chile rojo
- 2 cucharaditas de pimentón ahumado
- 1 cucharadita de sal de ajo

Para la verdura:

- 1 calabaza verde, sin pepitas y cortada en cubos
- 1 calabaza amarilla, sin pepitas y cortada en cubos
- 1 pimiento rojo cortado en cubos
- 1 pimiento verde cortado en cubos
- Sal y pimienta negra molida, al gusto
- Spray para cocinar

Instrucciones

1. Combinar los ingredientes para el cerdo en un bol grande. Presione la carne de cerdo para mojarla en la marinada. Envuelve el bol en plástico y refrigera durante al menos una hora.
2. Rocíe la cesta de freír al aire con spray de cocina.
3. Saque el cerdo de la marinada y pase las brochetas por el cerdo y las verduras alternativamente. Espolvorear con sal y pimienta al gusto.
4. Disponga las brochetas en la sartén y rocíe con spray de cocina.
5. Pulse Air Fry, Superconvección. Ajusta la temperatura a 193°C y luego la alarma a 8 minutos. Selecciona Iniciar/Parar para precalentar.
6. Una vez hecho esto, sitúe la cesta en posición de freír al aire.
7. Después de 4 minutos, retire la cesta del horno. Dé la vuelta a las brochetas. Vuelva a colocar la cesta en el horno y continúe la cocción.
8. Cuando termine la cocción, la carne de cerdo debe estar dorada y las verduras

deben estar ligeramente carbonizadas y tiernas.

9. Servir inmediatamente.

Nutrición: Calorías 341 Grasa: 26g Proteínas: 28g

166. Salchicha de Kielbasa con piña y pimientos

Tiempo de preparación: 15 minutos
Tiempo de cocción: 10 minutos
Porciones: 4

Ingredientes:

- ¾ de libra (340 g) de salchicha kielbasa, cortada en rodajas de ½ pulgada
- 1 lata (226g) de piña en trozos en jugo, escurrida
- 70g de trozos de pimiento morrón
- 1 cucharada de condimento para barbacoa
- 1 cucharada de salsa de soja

Instrucciones

1. Unte la cesta para freír al aire con spray de cocina.
2. Incorporar todos los ingredientes y luego mezclar bien.
3. Rellenar la mezcla de salchichas en la cesta de freír al aire.
4. Pulse Air Fry, Superconvección. Ajuste la temperatura a 199°C y luego la alarma a 10 minutos. Seleccione Inicio/Parada para comenzar el precalentamiento.
5. Una vez hecho, ponga la cesta en posición de freír al aire.
6. Después de 5 minutos, retire la cesta del horno. Remueva la mezcla de salchichas. Vuelva a introducir la cesta en el horno y continúe la cocción.
7. Cuando termine la cocción, la salchicha debe estar ligeramente dorada y el pimiento y la piña deben estar blandos.
8. Servir inmediatamente.

Nutrición: Calorías 324 Grasas: 23g Proteínas: 11g

167. Colita de cerdo con salsa de cilantro y perejil al ajo

Tiempo de preparación: 75 minutos
Tiempo de cocción: 30 minutos
Porciones: 4

Ingredientes:

- 1 cucharadita de harina de linaza dorada
- 1 clara de huevo bien batida
- 1 cucharada de salsa de soja
- 1 cucharadita de zumo de limón, preferiblemente recién exprimido
- 1 cucharada de aceite de oliva
- 454 g de paleta de cerdo, cortada en trozos de 5 cm de largo
- Sal y pimienta negra molida, al gusto
- Salsa de cilantro y perejil al ajo
- 3 dientes de ajo picados
- 23g de hojas frescas de cilantro
- 23g de hojas de perejil fresco
- 1 cucharadita de zumo de limón
- ½ cucharada de sal
- 80ml de aceite de oliva virgen extra

Instrucciones

1. Combine la harina de linaza, la clara de huevo, la salsa de soja, el zumo de limón, la sal, la pimienta negra y el aceite de oliva en un bol grande. Sumerja las tiras de cerdo y presione para sumergirlas.
2. Sellar el bol con plástico y luego enfriar para marinar durante al menos 60 minutos.
3. Disponga las tiras de cerdo marinadas en la cesta de freír al aire.
4. Haga clic en Air Fry, Superconvección. Ajuste la temperatura a 193°C y luego la alarma a 30 minutos. Pulse Iniciar/Parar para comenzar el precalentamiento.
5. Una vez caliente, sitúe la cesta en posición de freír al aire.
6. Después de 15 minutos, saque la cesta del horno. Déle la vuelta a la carne de cerdo. Vuelva a colocar la cesta en el horno y continúe la cocción.
7. Una vez terminada la cocción, la carne de cerdo debe estar bien dorada.
8. Incorporar los ingredientes para la salsa y mezclar bien. Enfriar hasta el momento de servir.
9. Sirva las tiras de cerdo fritas al aire con la salsa enfriada.

Nutrición: Calorías 344 Grasas: 28g Proteínas: 16g

168. Salchicha de cerdo con puré de coliflor

Tiempo de preparación: 9 minutos
Tiempo de cocción: 26 minutos
Porciones: 6

Ingredientes:

- 454 g de coliflor picada
- 6 salchichas de cerdo, picadas
- ½ cebolla, cortada en rodajas
- 3 huevos, batidos
- 79g de queso Colby
- 1 cucharadita de comino en polvo
- ½ cucharadita de estragón
- ½ cucharadita de sal marina
- ½ cucharadita de pimienta negra molida
- Spray para cocinar

Instrucciones

1. Rocía el molde para hornear con aceite en aerosol.
2. En una cacerola a fuego medio, hervir la coliflor hasta que esté tierna. 3. Colocar la coliflor hervida en un procesador de alimentos y pulsar hasta que se haga puré. Pasar a un bol grande y combinar con el resto de los ingredientes hasta que estén bien mezclados.
3. Verter la mezcla de coliflor y salchichas en la sartén.
4. Haz clic en Bake, Superconvección, ajusta la temperatura a 185°C y luego la alarma a 27 minutos. Selecciona Iniciar/Parar para comenzar el precalentamiento.
5. Una vez hecho, pon la sartén en posición de hornear.
6. Divida la mezcla entre seis platos y sirva caliente.

Nutrición: Calorías 311 Grasa: 21g Proteínas: 12g

169. Schnitzels de cerdo con salsa de crema agria y eneldo

Tiempo de preparación: 9 minutos
Tiempo de cocción: 4 minutos
Porciones: 6

Ingredientes:

- 62g de harina

- 1½ cucharaditas de sal
- Pimienta negra recién molida, al gusto
- 2 huevos
- 125ml de leche
- 189g de pan rallado tostado
- 1 cucharadita de pimentón
- 6 chuletas de cerdo deshuesadas y cortadas en el centro (alrededor de 1½ libras / 680 g), sin grasa, cortadas en libras de 1.2cm de grosor
- 2 cucharadas de aceite de oliva
- 3 cucharadas de mantequilla derretida
- Gajos de limón, para servir
- Salsa de crema agria y eneldo
- 250ml de caldo de pollo
- 1½ cucharadas de maicena
- 86g de crema agria
- 1½ cucharadas de eneldo fresco picado
- Sal y pimienta negra molida, al gusto

Instrucciones

1. Combine la harina con la sal y la pimienta negra en un bol grande. Remover para mezclar bien. Batir el huevo con la leche en un segundo bol. Remover el pan rallado y el pimentón en un tercer bol.
2. Rebozar las chuletas de cerdo en el bol de la harina, luego en la leche con huevo y después en el bol del pan rallado. Presione para cubrirlas bien. Sacudir el exceso.
3. Disponga las chuletas de cerdo en la cesta de freír al aire, y luego úntelas con aceite de oliva y mantequilla por todos los lados.
4. Seleccione Air Fry, Superconvección. Ajuste la temperatura a 204°C y luego la alarma a 4 minutos. Pulse Iniciar/Parar para comenzar el precalentamiento.
5. Una vez caliente, sitúe la cesta en posición de freír al aire.
6. Después de 2 minutos, retire la cesta del horno. Déle la vuelta a la carne de cerdo. Vuelva a colocar la cesta en el horno y continúe la cocción.
7. Cuando termine la cocción, la chuleta de cerdo debe estar dorada y crujiente.
8. Mientras tanto, combinar el caldo de pollo y la maicena en una cacerola pequeña y llevar a ebullición a fuego medio-alto.

Cocinar a fuego lento durante 2 minutos más..

9. Apague el fuego y añada la crema agria, el eneldo fresco, la sal y la pimienta negra.
10. Saque los schnitzels del horno a un plato y úntelos con la crema agria y la salsa de eneldo. Exprimir los trozos de limón por encima y cortar en rodajas para servir..

Nutrición: Calorías 330 Grasas: 30g Proteínas: 20g

170. Pisto de salchichas

Tiempo de preparación: 9 minutos
Tiempo de cocción: 25 minutos
Porciones: 4

Ingredientes:

- 4 salchichas de cerdo

Pisto:
- 2 calabacines en rodajas
- 1 berenjena en rodajas
- 15 onzas (425 g) de tomates, en rodajas
- 1 pimiento rojo en rodajas
- 1 cebolla roja mediana, en rodajas
- 200g de judías de mantequilla en lata, escurridas
- 1 cucharada de vinagre balsámico
- 2 dientes de ajo picados
- 1 chile rojo picado
- 2 cucharadas de tomillo fresco picado
- 2 cucharadas de aceite de oliva

Instrucciones

1. Coloque las salchichas en la cesta de freír al aire.
2. Seleccione Air Fry, Superconvección. Ajuste la temperatura a 199°C y luego la alarma a 10 minutos. Haga clic en Iniciar/Parar para precalentar.
3. Una vez precalentado, coloque la cesta en la posición de freír al aire.
4. Después de 7 minutos, retire la cesta del horno. Dé la vuelta a las salchichas. Vuelva a colocar la cesta en el horno y continúe la cocción.
5. Al finalizar la cocción, las salchichas deben estar ligeramente doradas.
6. Mientras tanto, prepare el pisto: coloque las rodajas de verdura en la cesta preparada

de forma alterna y añada el resto de los ingredientes por encima.

7. Transfiera la salchicha frita al aire a un plato, luego coloque la cesta en la posición de horneado.
8. Seleccione Horneado, Superconvección, ajuste el tiempo a 15 minutos y hornee hasta que las verduras estén tiernas. Dar una vuelta a las verduras a mitad del horneado.
9. Sirva el pisto con la salchicha por encima.

Nutrición: Calorías 332 Grasas: 32g Proteínas: 22g

171. Albóndigas de cerdo sencillas con chile rojo

Tiempo de preparación: 9 minutos
Tiempo de cocción: 14 minutos
Porciones: 4
Ingredientes:

- 454 g de carne de cerdo picada
- 2 dientes de ajo, finamente picados
- 70g de cebolletas, finamente picadas
- 1½ cucharadas de salsa Worcestershire
- ½ cucharadita de raíz de jengibre fresco rallado
- 1 cucharadita de cúrcuma en polvo
- 1 cucharada de salsa de ostras
- 1 chile rojo pequeño en rodajas, para decorar

Instrucciones

1. Engrase la cesta de freír al aire con spray de cocina.
2. Incorporar todos los ingredientes, excepto el chile rojo y mezclar bien.
3. Formar la mezcla en bolas de igual tamaño, luego situarlas en la cesta de freír al aire y pincelarlas con spray de cocina.
4. Pulse Freir al Aire, Superconvección. Ajuste la temperatura a 176ºC y luego la alarma a 15 minutos. Seleccione Iniciar/Parar para precalentar.
5. Una vez precalentado, coloque la cesta en la posición de freír al aire.
6. Después de 7 minutos, retire la cesta del horno. Déle la vuelta a las bolas. Vuelva a colocar la cesta en el horno y continúe la cocción.

7. Cuando la cocción esté completa, las bolas deben estar ligeramente doradas.
8. Sirve las albóndigas de cerdo con chile rojo por encima.

Nutrición: Calorías 345 Grasas: 34g Proteínas: 24g

172. Sándwiches de carne y salchichas

Tiempo de preparación: 14 minutos
Tiempo de cocción: 24 minutos
Porciones: 4
Ingredientes:

- 1 huevo grande
- 60ml de leche entera
- 24 galletas saladas, trituradas pero no pulverizadas
- 1 lb. (454 g) de carne picada
- 1 lb. (454 g) de salchicha italiana
- 4 cucharadas de queso parmesano rallado
- 1 cucharadita de sal
- 4 piezas de panecillos para submarinos
- 238g de salsa Marinara
- 178g de queso mozzarella

Instrucciones

1. Batir el huevo en la leche y luego incorporar las galletas. Reservar durante 6 minutos para que se hidraten.
2. Desmenuzar la carne picada y la salchicha en la mezcla de leche, alternando la carne y la salchicha. Una vez añadida la mitad de la carne, rociar con 2 cucharadas de parmesano rallado y sal, y seguir desmenuzando la carne. Mezclar ligeramente todo.
3. Formar bolas con la mezcla. Presione ligeramente las bolas para evitar que rueden y colóquelas en una bandeja de horno.
4. Pulsa Asar, Superconvección, ajusta la temperatura a 204ºC y luego la alarma a 20 minutos. Selecciona Inicio/Parada para comenzar el precalentamiento.
5. Una vez caliente, sitúe la bandeja en posición de asado.
6. Después de 10 minutos, saque la bandeja del horno y dé la vuelta a las albóndigas. Vuelva a situarla en el horno y continúe la cocción.

7. Una vez hechas, sacarlas del horno. Situar las albóndigas en una rejilla.

8. Desenróllelo, con el lado cortado hacia arriba, en la bandeja del horno. Situar 4 albóndigas en la parte inferior de cada rollo y rociar cada sándwich con 59g de salsa marinara. Reparta la mozzarella entre la parte superior de los panecillos y adorne el resto del queso parmesano sobre la mozzarella.

9. Pulsa Asar, Superconvección, ajusta la temperatura a Alta y la alarma a 4 minutos. Selecciona Inicio/Parada para comenzar el precalentamiento.

10. Coloca la bandeja en la posición de asar. Compruebe los sándwiches después de 2 minutos.

11. Cuando haya terminado, sáquelo del horno. Servir.

Nutrición: Calorías 431 Grasas: 21g Proteínas: 19g

173. Pierna de cerdo asada con cebollas de caramelo

Tiempo de preparación: 9 minutos
Tiempo de cocción: 51 minutos
Porciones: 4
Ingredientes:
- 2 cucharaditas de aceite de sésamo
- 1 cucharadita de salvia seca machacada
- 1 cucharadita de pimienta de cayena
- 1 ramita de romero picada
- 1 ramita de tomillo
- 2 libras (907 g) de pierna de cerdo asada, rayada
- ½ libra (227 g) de cebollas de caramelo, cortadas en rodajas
- 4 dientes de ajo, finamente picados
- 2 chiles, picados

Instrucciones
1. Revuelva el aceite de sésamo, la salvia, la pimienta de cayena, el romero, el tomillo, la sal y la pimienta negra hasta que estén bien mezclados. En otro bol, colocar la pierna de cerdo y pincelar con la mezcla de condimentos.

2. Coloque la pierna de cerdo sazonada en una bandeja para hornear. Seleccione Freir

al Aire, Superconvección. Ajuste la temperatura a 400ºF (205ºC) y programe el tiempo a 40 minutos. Pulse Iniciar/Parar para iniciar el precalentamiento.

3. Una vez calentado, situar la sartén en el horno.

4. Después de 20 minutos, saque la sartén del horno. Dar la vuelta a la pierna de cerdo. Vuelva a colocar la sartén en el horno y continúe la cocción.

5. Después de otros 20 minutos, añadir las cebollas de caramelo, el ajo y las guindillas a la sartén y freír al aire durante otros 12 minutos.

6. Cuando termine la cocción, la pierna de cerdo debe estar dorada.

7. Pasar la pierna de cerdo a un plato. Dejar enfriar durante 5 minutos y cortar en rodajas. Repartir los jugos que han quedado en la sartén sobre el cerdo y servirlo caliente con las cebollas de caramelo.

Nutrición: Calorías 324 Grasa: 22g Proteínas: 31g

174. Tonkatsu

Tiempo de preparación: 5 minutos
Tiempo de cocción: 10 minutos
Porciones: 4
Ingredientes:
- 88g de harina común
- 2 claras de huevo grandes
- 126g de pan rallado panko
- 4 (4 onzas / 113 g) chuletas de lomo de cerdo deshuesadas cortadas en el centro (de aproximadamente 1.2cm de grosor)
- Spray para cocinar

Instrucciones
1. Verter la harina en un bol. Batir las claras de huevo. Colocar el pan rallado en un plato grande.

2. Rebozar las chuletas de lomo en la harina primero, presionar para cubrirlas bien, luego sacudir el exceso y mojar las chuletas en las claras de huevo, y luego pasar las chuletas por el pan rallado. Sacudir el exceso.

3. Coloque las chuletas de cerdo en la cesta de freír y engráselas con aceite en aerosol..

4. Haga clic en Freir al Aire, Superconvección. Ajuste la temperatura a 190ºC y luego la alarma a 10 minutos. Haga clic en Iniciar/Parar para comenzar el precalentamiento.
5. Una vez calentado, sitúe la cesta en Freir al Aire.
6. Después de 5 minutos, retire la cesta del horno. Dé la vuelta a las chuletas de cerdo. Vuelva a colocar la cesta en el horno y continúe la cocción.
7. Cuando termine la cocción, las chuletas de cerdo deben estar crujientes y ligeramente doradas.
8. Servir inmediatamente.

Nutrición: Calorías 344 Grasas: 41g Proteínas: 72g

175. Chuletas de cerdo picantes con zanahorias y champiñones

Tiempo de preparación: 9 minutos
Tiempo de cocción: 15 minutos
Porciones: 4

Ingredientes:
- 2 zanahorias, cortadas en bastones
- 60g de champiñones, cortados en rodajas
- 2 dientes de ajo picados
- 2 cucharadas de aceite de oliva
- 1 libra (454 g) de chuletas de cerdo deshuesadas
- 1 cucharadita de orégano seco
- 1 cucharadita de tomillo seco
- 1 cucharadita de pimienta de cayena
- Sal y pimienta negra molida, al gusto

Instrucciones
1. Mezcla las zanahorias, los champiñones, el ajo, el aceite de oliva y la sal
2. Añadir las chuletas de cerdo en otro bol y sazonar con orégano, tomillo, pimienta de cayena, sal y pimienta negra.
3. Baje la mezcla de verduras en la cesta engrasada. Coloque las chuletas de cerdo sazonadas encima.
4. Seleccione Freir al Aire, Superconvección. Ajuste la temperatura a 360ºF (182ºC) y el

tiempo a 15 minutos. Haga clic en Iniciar/Parar para precalentar.
5. Una vez calentado, sitúe la cesta en Freir al Aire.
6. Después de 6 minutos, saca la cesta del horno. Dale la vuelta al cerdo y remueve las verduras. Vuelve a situar la sartén en el horno y continúa la cocción.
7. Cuando termine la cocción, las chuletas de cerdo deben estar doradas y las verduras tiernas.
8. Transfiera las chuletas de cerdo a los platos para servir y deje que se enfríen durante 5 minutos. Servir calientes con las verduras al lado .

Nutrición: Calorías 322 Grasa: 27g Proteínas: 12g

176. Salchichas italianas y uvas rojas

Tiempo de preparación: 9 minutos
Tiempo de cocción: 21 minutos
Porciones: 6

Ingredientes:
- 2 libras (905 g) de uvas rojas sin semillas
- 3 chalotas, cortados en rodajas
- 2 cucharaditas de tomillo fresco
- 2 cucharadas de aceite de oliva
- ½ cucharadita de sal kosher
- Pimienta negra recién molida, al gusto
- 6 eslabones (aproximadamente 1½ libras / 680 g) de salchicha italiana caliente
- 3 cucharadas de vinagre balsámico

Instrucciones
1. Colocar las uvas en un bol grande. Añada las chalotas, el tomillo, el aceite de oliva, la sal y la pimienta. Mezclar suavemente. las uvas en una bandeja de horno. Disponga los eslabones de salchicha de manera uniforme en la sartén.
2. Pulsa Asar, Superconvección, ajusta la temperatura a 190ºC y luego alarma a 20 minutos. Selecciona Iniciar/Parar para precalentar.
3. Coloca la bandeja en posición de asado.
4. Después de 10 minutos, retira la sartén. Dé la vuelta a las salchichas y rocíe el vinagre sobre las salchichas y las uvas. Remover suavemente las uvas y moverlas a un lado

de la sartén. Vuelva a colocar la sartén en el horno y continúe la cocción.

5. Cuando termine la cocción, las uvas deben estar muy blandas y las salchichas doradas. Servir inmediatamente.

Nutrición: Calorías 315 Grasas: 21g Proteínas: 12g

177. Apple and Pork Bake

Tiempo de preparación: 9 minutos
Tiempo de cocción: 45 minutos
Porciones: 4
Ingredientes:

- 2 manzanas, peladas, sin corazón y cortadas en rodajas
- 1 cucharadita de canela molida, dividida
- 4 chuletas de cerdo deshuesadas (de 1.2cm de grosor)
- 3 cucharadas de azúcar moreno
- 180ml de agua
- 1 cucharada de aceite de oliva

Instrucciones
1. Colocar las manzanas en capas en el fondo de un molde para hornear. Espolvorear con ½ cucharadita de canela.
2. Recorte la grasa de las chuletas de cerdo. Colocarlas encima de las rodajas de manzana. Espolvorear con sal y pimienta.
3. Revuelva el azúcar moreno, el agua y el resto de la canela. Vierta la mezcla sobre las chuletas. Rociar las chuletas con 1 cucharada de aceite de oliva.
4. Haz clic en Bake, Superconvección, ajusta la temperatura a 190°C y luego la alarma a 45 minutos. Selecciona Iniciar/Parar para precalentar.
5. Una vez calentado, sitúe la bandeja en posición de horneado.
6. Una vez hecho, la temperatura interna debe ser de 165°F (74°C).
7. Deje reposar durante 3 minutos antes de servir.

Nutrición: Calorías 328 Grasas: 29g Proteínas: 17g

178. Arroz frito de cerdo con huevo revuelto

Tiempo de preparación: 9 minutos
Tiempo de cocción: 12 minutos
Porciones: 4
Ingredientes:

- 3 cebolletas, cortadas en dados (aproximadamente 35g)
- ½ pimiento rojo, cortado en dados (aproximadamente 35g)
- 2 cucharaditas de aceite de sésamo
- ½ libra (227 g) de lomo de cerdo, cortado en dados
- 76g de guisantes congelados, descongelados
- 30g de champiñones asados
- 125ml de salsa de soja
- 529g de arroz cocido
- 1 huevo batido

Instrucciones
1. Colocar las cebolletas y el pimiento rojo en una bandeja de horno. Rociar con el aceite de sésamo y remover las verduras para cubrirlas con el aceite.
2. Selecciona Asar, Superconvección, ajusta la temperatura a 375°F (190°C), y ajusta el tiempo a 12 minutos. Pulsa Iniciar/Parar para precalentar.
3. Cuando se haya calentado, sitúe la sartén en posición de asado.
4. Mientras se cocinan las verduras, coloque la carne de cerdo en un bol grande. Añade los guisantes, las setas, la salsa de soja y el arroz y remueve para cubrir los ingredientes con la salsa.
5. Después de unos 4 minutos, retire la sartén del horno. Colocar la mezcla de cerdo en la sartén y mezclar las cebolletas y los pimientos con la carne de cerdo y el arroz. Vuelva a colocar la sartén en el horno y continúe la cocción.
6. Después de otros 6 minutos, retire la sartén del horno. Mueva la mezcla de arroz hacia los lados para crear un círculo vacío en el centro de la sartén. Verter el huevo en el círculo. Vuelve a meter la sartén en el horno y continúa la cocción.

7. Cuando esté hecho, saca la sartén del horno y revuelve el huevo. Viértelo en la mezcla de arroz frito. Servir.

Nutrición: Calorías 324 Grasas: 24g Proteínas: 12g

179. Envolturas de lechuga de cerdo picante

Tiempo de preparación: 9 minutos
Tiempo de cocción: 12 minutos
Porciones: 4
Ingredientes:

- 1 (1-libra / 454-g) lomo de cerdo mediano, piel plateada y grasa externa recortada
- 166ml de salsa de soja, dividida
- 1 cucharadita de almidón de maíz
- 1 jalapeño mediano, sin semillas y picado
- 1 lata de castañas de agua picadas
- ½ pimiento rojo grande, sin semillas y picado
- 2 cebolletas, con las partes blanca y verde separadas
- 1 cabeza de lechuga de mantequilla
- 76g de almendras tostadas y picadas
- 17g de cilantro picado grueso

Instrucciones

1. Cortar el lomo en rodajas de 6mm y colocarlas en una bandeja de horno. Bañar con unas 3 cucharadas de salsa de soja. Remover la maicena en el resto de la salsa y reservar.
2. Selecciona Asado, Superconvección, ajusta la temperatura a 375ºF (190ºC) y el tiempo a 12 minutos. Pulsa Iniciar/Parar para comenzar el precalentamiento.
3. Una vez precalentado, coloque la olla en la posición de asado.
4. Después de 6 minutos, saque la bandeja del horno. Coloca las lonchas de cerdo en una tabla de cortar. Colocar el jalapeño, las castañas de agua, el pimiento rojo y las partes blancas de las cebolletas en la bandeja del horno y verter el resto de la salsa. Remueva para cubrir las verduras con la salsa. Vuelve a colocar la sartén en el horno y continúa la cocción.
5. Mientras se cocinan las verduras, picar la carne de cerdo en trozos pequeños. Separar

las hojas de lechuga, desechando las hojas exteriores duras y reservando las pequeñas hojas interiores para otro uso. Necesitarás entre 12 y 18 hojas, dependiendo del tamaño y de tu apetito.

6. Después de 6 minutos, saque la sartén del horno. Añade la carne de cerdo a las verduras, removiendo para combinar. Vuelva a colocar la sartén en el horno y continúe la cocción durante los 2 minutos restantes hasta que la carne de cerdo se caliente de nuevo y la salsa se haya reducido ligeramente.
7. Cuando termine la cocción, retire la sartén del horno. Colocar la carne de cerdo y las verduras en una fuente mediana y añadir la mitad de las partes verdes de las cebolletas. Para servir, ponga un poco de carne de cerdo y verduras en cada una de las hojas de lechuga. Cubra con las partes verdes de las cebolletas restantes y adorne con las nueces y el cilantro.

Nutrición: Calorías 322 Grasa: 29g Proteínas: 10g

RECETAS DE PESCADO

RECETAS DE MARISCOS

180. Gambas a la plancha

Tiempo de preparación: 10 minutos
Tiempo de cocción: 1 hora y 30 minutos
Porciones: 4
Ingredientes:
- 453g de camarones crudos, pelados y desvenados
- 2 cucharadas de mantequilla
- 2 cucharadas de aceite de oliva
- 125ml de vino blanco para cocinar
- 60ml de caldo de pollo
- 1 cucharada de zumo de limón fresco
- 2 cucharadas de perejil fresco picado
- 1 cucharada de ajo picado
- Pimienta
- Sal

Instrucciones:
1. Añade el caldo, el zumo de limón, el perejil, el ajo, la mantequilla, el aceite de oliva, el vino, la pimienta y la sal en la olla.
2. Añade las gambas y remueve bien y cubre la olla holandesa con una tapa.
3. Inserte la rejilla para pizza en la posición 6 del estante.
4. Coloque el horno holandés sobre la rejilla para pizza.
5. Seleccione el modo de cocción lenta. Ajuste la temperatura a 107 C y el temporizador a 1 hora y 30 minutos. Pulse el botón de inicio.
6. Remueva bien y sirva.

Nutrición: Calories 255 Fat 14.8g Protein 26.4g

181. Salmón de hierbas

Tiempo de preparación: 10 minutos
Tiempo de cocción: 5 minutos
Porciones: 2
Ingredientes:
- 2 filetes de salmón
- 1 cucharadita de hierba de Provenza
- 1 cucharada de mantequilla derretida
- 2 cucharadas de aceite de oliva
- Pimiento
- sal

Instrucciones:
1. Untar los filetes de salmón con aceite y espolvorear con hierbas de Provenza, pimienta y sal.
2. Colocar los filetes de salmón en la bandeja de crujientes.
3. Colocar la bandeja de goteo debajo del fondo de la freidora de aire.
4. Inserte la bandeja del crispar en la posición del estante 4.
5. Seleccione el modo de freír al aire. Ajuste la temperatura a 199 C y el temporizador a 5 minutos. Pulse el botón de inicio.
6. Rocíe mantequilla sobre el salmón y sirva.

Nutrición: Calorías 410 Grasas 31g Proteínas 35,1g

182. Pasteles de salmón

Tiempo de preparación: 10 minutos
Tiempo de cocción: 7 minutos
Porciones: 2
Ingredientes:
- 226g de filete de salmón, picado
- 1 huevo, ligeramente batido
- 1/4 cucharadita de ajo en polvo
- Pimienta
- Sal

Instrucciones:
1. Añade todos los ingredientes en el bol y mézclalos hasta que estén bien combinados.
2. Haz pequeñas hamburguesas con la mezcla de salmón y colócalas en una bandeja para crispar.
3. Coloque la bandeja de goteo debajo del fondo de la freidora de aire.
4. Introduzca la bandeja de crispar en la posición del estante 4.

5. Seleccione el modo de freír al aire. Ajuste la temperatura a 199 C y el temporizador a 7 minutos. Pulse el botón de inicio.
6. Sirva y disfrute.

Nutrición: Calorías 183 Grasas 9,2g Proteínas 24,8g

183. Salmón con zanahorias

Tiempo de preparación: 10 minutos
Tiempo de cocción: 20 minutos
Porciones: 4

Ingredientes:
- 453g de salmón, cortado en cuatro trozos
- 260g de zanahorias pequeñas
- 2 cucharadas de aceite de oliva
- Sal

Instrucciones:
1. Colocar los trozos de salmón en el centro de la bandeja del horno.
2. En un bol, mezclar las zanahorias baby y el aceite de oliva.
3. Disponer la zanahoria alrededor del salmón.
4. Seleccione el modo de hornear. Ajuste la temperatura a 218 C y el temporizador a 20 minutos. Pulse el botón de inicio.
5. Deje que la freidora de aire se precaliente y luego inserte la rejilla para pizza en la posición del estante 5.
6. Coloque la bandeja para hornear en la rejilla para pizza y cocine.
7. Sazone con sal y sirva.

Nutrición: Calorías 212 Grasas 14g Proteínas 22g

184. Salmón de Romero

Tiempo de preparación: 10 minutos
Tiempo de cocción: 15 minutos
Porciones: 4

Ingredientes:
- 453g salmón, cortado en 4 trozos
- 1/4 de cucharadita de albahaca seca
- 1 cucharada de cebollino seco
- 1 cucharada de aceite de oliva
- 1/2 cucharada de romero seco
- Pimiento
- Sal

Instrucciones:

1. Colocar los trozos de salmón con la piel hacia abajo en la bandeja de crispar.
2. En un bol pequeño, mezclar el aceite de oliva, la albahaca, el cebollino y el romero.
3. Pincelar el salmón con la mezcla de aceite.
4. Coloque la bandeja de goteo debajo del fondo de la freidora de aire.
5. Inserte la bandeja de crujientes en la posición del estante 4.
6. Seleccione el modo de freír al aire. Ajuste la temperatura a 204 C y el temporizador a 15 minutos. Pulse el botón de inicio.
7. Servir y disfrutar.

Nutrición: Calorías 182 Grasas 10,6g Proteínas 22g

185. Filetes de pescado al horno con pimienta

Tiempo de preparación: 10 minutos
Tiempo de cocción: 30 minutos
Porción: 1

Ingredientes:
- 226g de filete de pescado blanco congelado
- 1 cucharada de perejil fresco picado
- 1 cucharada de pimiento rojo asado, picado
- 1/2 cucharadita de condimento italiano
- 1 1/2 cucharada de mantequilla derretida
- 1 cucharada de jugo de limón

Instrucciones:
1. Colocar el filete de pescado en una fuente de horno.
2. Rociar el pescado con mantequilla y zumo de limón.
3. Espolvorear con el condimento italiano.
4. Cubrir con pimiento asado y perejil.
5. Seleccione el modo de hornear. Ajuste la temperatura a 204 C y el temporizador a 30 minutos. Pulse el botón de inicio.
6. Deje que la freidora de aire se precaliente y luego inserte la rejilla para pizza en la posición de estante 5.
7. Coloque la bandeja para hornear en la rejilla para pizza y cocine.
8. Sirva y disfrute.

Nutrición: Calorías 357 Grasas 18,8g Proteínas 46,8g

186. Filetes de pescado a las hierbas con limón

Tiempo de preparación: 10 minutos
Tiempo de cocción: 10 minutos
Porciones: 4
Ingredientes:
- 680g de salmón, cortado en 4 trozos
- 1 diente de ajo rallado
- 1 cucharada de yogur
- 1 cucharadita de ralladura de limón
- 2 cucharadas de zumo de limón
- 2 cucharadas de aceite de oliva
- 1 cucharadita de orégano
- 1/4 de cucharadita de pimienta
- 1/4 de cucharadita de sal

Instrucciones:
1. Añadir todos los ingredientes, excepto el salmón, a una fuente de horno y mezclar bien.
2. Añade el salmón, cúbrelo bien y déjalo reposar durante 30 minutos.
3. Seleccione el modo de horneado. Ajuste la temperatura a 204 C y el temporizador a 10 minutos. Pulse el inicio.
4. Deje que la freidora de aire se precaliente y luego inserte la rejilla para pizza en la posición del estante 5.
5. Coloque la bandeja para hornear en la rejilla para pizza y cocine.
6. Sirva y disfrute.

Nutrición: Calorías 292 Grasas 17,7g Proteínas 33,4g

187. Salmón griego

Tiempo de preparación: 10 minutos
Tiempo de cocción: 20 minutos
Porciones: 5
Ingredientes:
- 793g de filete de salmón
- 25g de pesto de albahaca
- 1 cucharada de eneldo fresco picado
- 32g de alcaparras
- 60g de corazones de alcachofa
- 14g de tomates secos, escurridos
- 48g de aceitunas sin hueso y picadas
- 1 cucharadita de pimentón

- 1/4 cucharadita de sal

Instrucciones:
1. Forrar la bandeja del horno con papel pergamino.
2. Disponer el filete de salmón en la bandeja de horno preparada y espolvorear con pimentón y sal.
3. Añadir el resto de los ingredientes sobre el salmón.
4. Seleccione el modo de hornear. Ajuste la temperatura a 204 C y el temporizador a 20 minutos. Pulse el botón de inicio.
5. Deje que la freidora de aire se precaliente y luego inserte la rejilla para pizza en la posición de estante 5.
6. Coloque la bandeja para hornear en la rejilla para pizza y cocine.
7. Servir y disfrutar.

Nutrición: Calorías 228 Grasas 10,7g Proteínas 31,6g

188. Tilapia italiana

Tiempo de preparación: 10 minutos
Tiempo de cocción: 17 minutos
Porciones: 2
Ingredientes:
- 226g de filetes de tilapia, sin espinas
- 56g de queso feta, desmenuzado
- 141g de tomates picados
- 1 1/2 cucharadas de ajo picado
- 20g de perejil fresco picado
- 1 cucharadita de aceite de oliva
- Pimienta
- Sal

Instrucciones:
1. En un bol, mezclar los tomates, el ajo, el feta, el perejil y el aceite de oliva.
2. Rocía los filetes de tilapia con aceite en aerosol y sazona con pimienta y sal.
3. Colocar los filetes de tilapia en una bandeja de horno y cubrirlos con la mezcla de tomate.
4. Seleccione el modo de hornear. Ajuste la temperatura a 204 C y el temporizador a 17 minutos. Pulse el botón de inicio.
5. Deje que la freidora de aire se precaliente y luego inserte la rejilla para pizza en la posición de estante 5.

6. Coloque la bandeja para hornear en la rejilla para pizza y cocine.
7. Servir y disfrutar.

Nutrición: Calorías 212 Grasas 9,6g Proteínas 26,4g

189. Bacalao al horno

Tiempo de preparación: 10 minutos
Tiempo de cocción: 10 minutos
Porciones: 2
Ingredientes:
- 453g de filetes de bacalao
- 1 cucharada de perejil fresco picado
- 1/8 cucharadita de pimienta de cayena
- 1 cucharada de zumo de limón fresco
- 1 1/2 cucharadas de aceite de oliva
- 1/4 de cucharadita de sal

Instrucciones:
1. Colocar los filetes de pescado en la bandeja del horno.
2. Rociar con aceite y zumo de limón y sazonar con pimienta de cayena y sal.
3. Seleccione el modo de horneado. Ajuste la temperatura a 204 C y el temporizador a 10 minutos. Pulse el botón de inicio.
4. Deje que la freidora de aire se precaliente y luego inserte la rejilla para pizza en la posición del estante 5.
5. Coloque la bandeja para hornear en la rejilla para pizza y cocine.
6. Adorne con perejil y sirva.

Nutrición: Calorías 275 Grasas 12,6g Proteínas 40,6g

190. Basa de limón y pimienta al horno

Tiempo de preparación: 10 minutos
Tiempo de cocción: 12 minutos
Porciones: 4
Ingredientes:
- 4 filetes de pescado Basa
- 1/4 cucharadita de condimento de pimienta de limón
- 4 cucharadas de zumo de limón fresco
- 8 cucharaditas de aceite de oliva
- 2 cucharadas de perejil fresco picado

- 17g de cebolla verde, cortada en rodajas
- 1/2 cucharadita de ajo en polvo
- Pimienta
- Sal

Instrucciones:
1. Colocar los filetes de pescado en una fuente de horno.
2. Vierta el aceite y el zumo de limón sobre los filetes de pescado. Espolvorear el resto de los ingredientes.
3. Seleccione el modo de hornear. Ajuste la temperatura a 218 C y el temporizador a 12 minutos. Pulse el botón de inicio.
4. Deje que la freidora de aire se precaliente y luego inserte la rejilla para pizza en la posición del estante 5.
5. Coloque la bandeja para hornear en la rejilla para pizza y cocine.
6. Sirva y disfrute.

Nutrición Calorías 308 Grasas 21,4g Proteínas 24,1g

191. Filetes de pescado cajún

Tiempo de preparación: 10 minutos
Tiempo de cocción: 15 minutos
Porciones: 4
Ingredientes:
- 453g de filetes de bagre, cortados de 1.2cm de grosor
- 1/2 cucharadita de comino molido
- 3/4 cucharadita de chile en polvo
- 1 cucharadita de pimienta roja triturada
- 2 cucharaditas de cebolla en polvo
- 1 cucharada de orégano seco triturado
- Pimienta
- Sal

Instrucciones:
1. En un tazón pequeño, mezcle el comino, el chile en polvo, la pimienta roja triturada, la cebolla en polvo, el orégano, la pimienta y la sal.
2. Frote los filetes de pescado con la mezcla de especias y colóquelos en una fuente de horno.
3. Seleccione el modo de hornear. Ajuste la temperatura a 176 C y el temporizador a 15 minutos. Pulse el botón de inicio.

4. Deje que la freidora de aire se precaliente y luego inserte la rejilla para pizza en la posición del estante 5.
5. Coloque la bandeja para hornear en la rejilla para pizza y cocine.
6. Sirva y disfrute.

Nutrición Calorías 165 Grasas 9g Proteínas 18g

192. Garlic Halibut

Tiempo de preparación: 10 minutos
Tiempo de cocción: 12 minutos
Porciones: 4

Ingredientes:

- 453g filetes de mero
- 1/4 de cucharadita de ajo en polvo
- 1/2 cucharadita de pimentón
- 60ml de aceite de oliva
- Pimiento
- Sal

Instrucciones:

1. Colocar los filetes de pescado en una fuente de horno.
2. En un bol pequeño, mezclar el aceite, el ajo en polvo, el pimentón, la pimienta y la sal.
3. Untar los filetes de pescado con la mezcla de aceite.
4. Seleccione el modo de hornear. Ajuste la temperatura a 218 C y el temporizador a 12 minutos. Pulse el botón de inicio.
5. Deje que la freidora de aire se precaliente y luego inserte la rejilla para pizza en la posición del estante 5.
6. Coloque la bandeja para hornear en la rejilla para pizza y cocine.
7. Sirva y disfrute.

Nutrición Calorías 235 Grasas 15,3g Proteínas 23,9g

193. Camarones a la parmesana fritos al aire

Tiempo de preparación: 10 minutos
Tiempo de cocción: 10 minutos
Porciones: 3

Ingredientes:

- 453g de camarones, pelados y desvenados
- 1 cucharada de aceite de oliva
- 1/4 cucharadita de orégano

- 1/2 cucharadita de pimienta
- 24g de queso parmesano rallado
- 3 dientes de ajo picados
- 1/2 cucharadita de cebolla en polvo
- 1/2 cucharadita de albahaca

Instrucciones:

1. Añadir todos los ingredientes en el bol grande y mezclar bien.
2. Añade las gambas en la bandeja para crispar.
3. Coloque la bandeja de goteo debajo del fondo de la freidora de aire.
4. Inserte la bandeja para crispar en la posición del estante 4.
5. Seleccione el modo de freír al aire. Ajuste la temperatura a 176 C y el temporizador a 10 minutos. Pulse el botón de inicio.
6. Sirva y disfrute.

Nutrición Calorías 251 Grasas 8,9g Proteínas 37,1g

194. Deliciosos pasteles de atún

Tiempo de preparación: 10 minutos
Tiempo de cocción: 6 minutos
Porciones: 4

Ingredientes:

- 1 huevo, ligeramente batido
- Lata de atún de 226g, escurrida
- 1 cucharada de mostaza
- 25g de harina de almendra
- Pimienta
- Sal

Instrucciones:

1. Añade todos los ingredientes en el bol grande y mézclalos hasta que estén bien combinados.
2. Hacer hamburguesas con la mezcla y colocarlas en la bandeja de crispar.
3. Coloque la bandeja de goteo debajo del fondo de la freidora de aire.
4. Inserte la bandeja para crispar en la posición del estante 4.
5. Seleccione el modo de freír al aire. Ajuste la temperatura a 204 C y el temporizador a 6 minutos. Pulse el botón de inicio.
6. Gire las hamburguesas a mitad de camino.

7. Servir y disfrutar.
Nutrición Calorías 137 Grasas 5,7g Proteínas 18g

195. Camarones ennegrecidos

Tiempo de preparación: 10 minutos
Tiempo de cocción: 6 minutos
Porciones: 4
Ingredientes:
- 453g de camarones, pelados y desvenados
- 2 cucharadas de aceite de oliva
- 2 cucharaditas de pimentón
- 1/4 cucharadita de cayena
- 1 cucharadita de orégano seco
- 1 cucharadita de ajo en polvo
- 1 cucharadita de cebolla en polvo
- Pimienta
- Sal

Instrucciones:
1. En un tazón grande, mezcle los camarones con el resto de los ingredientes.
2. Pasar las gambas a la bandeja de crujientes.
3. Coloque la bandeja de goteo debajo del fondo de la freidora de aire.
4. Inserte la bandeja para crujientes en la posición del estante 4.
5. Seleccione el modo de freír al aire. Ajuste la temperatura a 204 C y el temporizador a 6 minutos. Pulse el botón de inicio.
6. Sirva y disfrute.

Nutrición Calorías 204 Grasas 9,1g Proteínas 26,2g

196. Salmón Cajún

Tiempo de preparación: 10 minutos
Tiempo de cocción: 12 minutos
Porciones: 4
Ingredientes:
- 4 filetes de salmón
- 4 cucharadas de azúcar moreno
- 2 cucharaditas de condimento cajún
- Sal

Instrucciones:
1. Forrar la bandeja del horno con papel de aluminio y reservar.
2. Mezclar el condimento cajún, el azúcar moreno y la sal y frotar todo el salmón.

3. Coloque el salmón en una bandeja para hornear.
4. Seleccione el modo de horneado. Ajuste la temperatura a 200 C y el temporizador a 12 minutos. Pulse el botón de inicio.
5. Deje que la freidora de aire se precaliente y luego inserte la rejilla para pizza en la posición del estante 5.
6. Coloque la bandeja para hornear en la rejilla para pizza y cocine.
7. Servir y disfrutar.

Nutrición Calorías 270 Grasas 11g Proteínas 34,6g

197. Salmón de Dijon

Tiempo de preparación: 10 minutos
Tiempo de cocción: 12 minutos
Porciones: 4
Ingredientes:
- 4 filetes de salmón
- 3 cucharadas de jarabe de arce
- 2 cucharadas de mostaza de Dijon molida

Instrucciones:
1. Forrar la bandeja del horno con papel pergamino y reservar.
2. Disponer los filetes de salmón en una bandeja de horno.
3. Mezclar la mostaza de Dijon y el jarabe de arce y pincelar sobre los filetes de salmón.
4. Seleccione el modo de horneado. Ajuste la temperatura a 200 C y el temporizador a 12 minutos. Pulse el botón de inicio.
5. Deje que la freidora de aire se precaliente y luego inserte la rejilla para pizza en la posición del estante 5.
6. Coloque la bandeja para hornear en la rejilla para pizza y cocine.
7. Servir y disfrutar.

Nutrición Calorías 282 Grasas 11g Proteínas 34,5g

198. Vieiras gratinadas

Tiempo de preparación: 10 minutos
Tiempo de cocción: 8 minutos
Porciones: 4
Ingredientes:
- 679g de vieiras

- 60ml de vino blanco
- 59g de queso crema, ablandado
- 24g de queso parmesano rallado
- 1 cucharada de estragón picado
- 1 jugo de limón
- Pimienta
- Sal

Instrucciones:

1. Añadir las vieiras a la fuente de horno.
2. En un bol, batir el zumo de limón, el queso crema, el vino blanco, el estragón, el queso parmesano, la pimienta y la sal y verter sobre las vieiras.
3. Seleccione el modo de horneado. Ajuste la temperatura a 200 C y el temporizador a 8 minutos. Pulse el botón de inicio.
4. Deje que la freidora de aire se precaliente y luego inserte la rejilla para pizza en la posición del estante 5.
5. Coloque la bandeja para hornear en la rejilla para pizza y cocine.
6. Sirva y disfrute.

Nutrición Calorías 235 Grasas 7,7g Proteínas 31,6g

199. Hamburguesas de cangrejo al horno

Tiempo de preparación: 10 minutos
Tiempo de cocción: 30 minutos
Porciones: 6

Ingredientes:

- 453g de carne de cangrejo en trozos
- 100g de galletas trituradas
- 1 cucharadita de condimento de laurel viejo
- 1 cucharadita de mostaza marrón
- 106g de puré de aguacate
- 17g de apio picado
- 17g de cebolla picada

Instrucciones:

1. Forrar la bandeja del horno con papel pergamino y reservar.
2. Añadir todos los ingredientes en el bol de la batidora y mezclar hasta que estén bien combinados.
3. Haz hamburguesas con la mezcla y colócalas en una bandeja para hornear.

4. Select bake mode. Set the temperature to 350 F and the timer for 30 minutes. Press the start.
5. Let the air fryer preheat then insert the pizza rack into shelf position 5.
6. Place baking sheet on the pizza rack and cook.
7. Serve and enjoy.

Nutrición Calories 84 Fat 7.7g Protein 11.5g

RECETAS DE VERDURAS Y GUARNICIONES

RECETAS DE VERDURAS Y GUARNICIONES

200. Calabacines a la parmesana fritos al aire

Tiempo de preparación: 10 minutos
Tiempo de cocción: 30 minutos
Porciones: 4
Ingredientes:

- 1 cucharada de aceite de oliva
- 1 cucharada de mantequilla derretida
- 1 cucharadita de zumo de limón
- 1 cucharadita de albahaca seca
- 1 cucharadita de perejil seco
- 24g de queso parmesano rallado
- 1 cucharadita de condimento italiano
- 1 cucharadita de ralladura de limón
- 2 calabacines, cortados en rodajas

Instrucciones
1. Combinar todos los ingredientes en un bol.
2. Mezclar los calabacines para cubrirlos uniformemente con la salsa y las hierbas.
3. Colocar la mezcla de calabacín encima de una lámina de papel de aluminio.
4. Doblar y sellar.
5. Colocar el paquete de papel de aluminio en la bandeja para crispar al aire.
6. Póngalo a freír al aire.
7. Fría al aire a 176 grados C durante 30 minutos.

Nutrición Calorías 105 Grasas 7,7g Proteínas 11,5g

201. Brócoli Rabe asado

Tiempo de preparación: 10 minutos
Tiempo de cocción: 8 minutos
Porciones: 4
Ingredientes:

- 300g de brócoli Rabe
- 2 cucharadas de aceite de oliva
- 1 cucharada de zumo de limón
- 1 cucharadita de ajo en polvo
- 1 cucharada de queso parmesano rallado
- 1/2 cucharadita de copos de pimienta roja
- Sal y pimienta al gusto

Instrucciones
1. Mezclar el brócoli con el aceite y el zumo de limón.
2. En un bol, mezclar el resto de los ingredientes.
3. Espolvorear la mezcla por todo el brócoli rabe.
4. Añade el brócoli rabe al horno de la freidora de aire.
5. Elija la función de freír con aire.
6. Cocine a 176 grados C durante 5 a 8 minutos.

Nutrición Calorías 109 Grasas 9g Proteínas 9g

202. Ajo asado

Tiempo de preparación: 7 minutos
Tiempo de cocción: 11 minutos
Porciones: 5
Ingredientes:

- 120g de dientes de ajo pelados
- 3 cucharadas de aceite de oliva
- Sal y pimienta al gusto

Instrucciones
1. Rociar el ajo con aceite.
2. Sazonar con sal y pimienta.
3. Envolver con papel de aluminio.
4. Colocar en la bandeja de crispar al aire.
5. Elija el ajuste de freír con aire.
6. Cocine a 188 grados C durante 15 minutos.

Nutrición Calorías 84 Grasas 7,7g Proteínas 14g

203. Chuletas de berenjena

Tiempo de preparación: 10 minutos
Tiempo de cocción: 7 minutos
Porciones: 4-6
Ingredientes:

- 1 berenjena en rodajas
- Sal al gusto
- 1 huevo batido
- 60ml de leche
- 126g de pan rallado

Instrucciones
1. Espolvorear las berenjenas con sal.

2. Dejarla reposar durante 10 minutos.
3. Dale la vuelta y espolvorea el otro lado con sal.
4. Añade el pan rallado a un bol.
5. Batir los huevos y la leche en otro bol.
6. Sumergir las berenjenas en la mezcla de huevos.
7. Pasar por el pan rallado.
8. Añadir a la bandeja de crispar al aire.
9. Seleccionar el ajuste de freír al aire.
10. Cocine a 160 grados C durante 5 minutos.
11. Dar la vuelta y cocinar durante otros 2 minutos.

Nutrición Calorías 147 Grasas 9g Proteínas 14g

204. Zanahorias asadas al ajo

Tiempo de preparación: 10 minutos
Tiempo de cocción: 12 minutos
Porciones: 4
Ingredientes:
- 453g de zanahorias, cortadas en dados
- 2 cucharadas de aceite de oliva
- Sal y pimienta al gusto
- 2 cucharaditas de ajo en polvo

Instrucciones
1. Echar las zanahorias en aceite de oliva.
2. Condimentar con sal, pimienta y ajo en polvo.
3. Cubrir uniformemente con el condimento.
4. Colocar las zanahorias en la bandeja de crispar al aire.
5. Ponerla a freír al aire.
6. Cocine a 200 grados C durante 12 minutos, removiendo una o dos veces.

Nutrición Calorías 122 Grasas 11g Proteínas 19g

205. Ensalada de tomate

Tiempo de preparación: 10 minutos
Tiempo de cocción: 3 minutos
Porciones: 4
Ingredientes:
- 423g de tomates, cortados en dados
- 25g de cebollas rojas, cortadas en rodajas
- 1 cucharada de aceite de oliva, dividida
- ½ cucharada de vinagre
- Sal y pimienta al gusto

Instrucciones

1. Mezclar los tomates con la mitad del aceite de oliva.
2. Añadir a la bandeja de crispar al aire.
3. Poner el horno de la freidora de aire en función de freír al aire.
4. Cocine a 176 grados C durante 3 minutos, removiendo una vez.
5. Transfiera los tomates a un bol.
6. Incorporar el resto de los ingredientes.

Nutrición Calorías 133 Grasas 9g Proteínas 15g

206. Espárragos asados

Tiempo de preparación: 10 minutos
Tiempo de cocción: 10 minutos
Porciones: 4
Ingredientes:
- 453g de espárragos, recortados y cortados en rodajas
- 2 cucharadas de aceite de oliva
- Sal y pimienta al gusto
- 2 dientes de ajo, picados
- 24g de queso parmesano, rallado

Instrucciones
1. Mezclar los espárragos con aceite, sal y pimienta.
2. Incorporar el ajo.
3. Transfiera los espárragos a su bandeja de crispar al aire.
4. Gire el mando a la función de freír al aire.
5. Ajústelo a 204 grados C.
6. Cocine de 7 a 10 minutos, revolviendo una o dos veces.
7. Espolvorear con el queso parmesano.

Nutrición Calorías 154 Proteínas 25g

207. Calabaza asada

Tiempo de preparación: 10 minutos
Tiempo de cocción: 10 minutos
Porciones: 4
Ingredientes:
- 1 calabaza, cortada en cubos
- 2 cucharadas de aceite de oliva
- 2 cucharadas de mantequilla derretida
- 2 cucharadas de salvia picada
- Sal y pimienta al gusto

Instrucciones

1. Mezclar los cubos de calabaza en aceite de oliva y mantequilla.
2. Sazonar con sal, pimienta y salvia.
3. Cubrir uniformemente con la salsa.
4. Añadir los cubos de calabaza en la bandeja de crispar al aire.
5. Cocinar a 188 grados C durante 10 minutos, removiendo.

Nutrición Calorías 155 Grasas 17g Proteínas 21g

208. Bok Choy Salteado

Tiempo de preparación: 8 minutos
Tiempo de cocción: 16 minutos
Porciones: 5

Ingredientes:
- 2 cucharadas de aceite de cacahuete
- 2 cucharaditas de ajo picado
- 3 cucharadas de caldo de pollo
- 1 cucharada de salsa de ostras
- Sal al gusto
- 453g de bok choy

Instrucciones
1. Mezclar el aceite de cacahuete, el ajo, el caldo de pollo, la salsa de ostras y la sal.
2. Incorporar el bok choy y cubrirlo con la salsa.
3. Añadir a la bandeja de crispar al aire.
4. Elija la función de grill.
5. Cocine durante 10 minutos, removiendo una o dos veces.

Nutrición Calorías 197 Grasas 17g Proteínas 29g

209. Setas de ajo

Tiempo de preparación: 9 minutos
Tiempo de cocción: 13 minutos
Porciones: 5
Ingredientes:
- 226g de champiñones, cortados en rodajas
- 2 cucharadas de aceite de oliva
- 1 cucharadita de salsa de soja
- 1 cucharadita de ajo en polvo
- Sal y pimienta al gusto

Instrucciones
1. Mezclar las setas con aceite de oliva y salsa de soja.

2. Espolvorear con el ajo en polvo, la sal y la pimienta.
3. Disponer los champiñones en la bandeja de crispar al aire.
4. Elegir el ajuste de freír con aire.
5. Cocine a 176 grados C durante 10 minutos, removiendo una vez.

Nutrición Calorías 184 Grasas 17g Proteínas 29g

210. Rollos de jamón y queso

Tiempo de preparación: 10 minutos
Tiempo de cocción: 7 minutos
Porciones: 8
Ingredientes:
- 1 paquete de rollos de media luna
- 113g de jamón deli
- 45g de queso cheddar rallado
- Aceite de oliva

Instrucciones
1. Extiende la masa de media luna.
2. Cubrir con el jamón y el queso.
3. Enrollar la masa.
4. Pincelar con aceite.
5. Colocar en la bandeja de crispar al aire.
6. Programar el horno de la freidora de aire para hornear.
7. Hornee a 176 grados C durante 7 minutos.

Nutrición Calorías 174 Grasas 15g Proteínas 25g

211. Calamares con sal y pimienta

Tiempo de preparación: 10 minutos
Tiempo de cocción: 10 minutos
Porciones: 4
Ingredientes:
- 31g de harina
- Sal y pimienta al gusto
- 453g de calamares, cortados en anillos
- 1 huevo batido
- Spray para cocinar

Instrucciones
1. Combinar la harina, la sal y la pimienta en un bol.
2. Pasar los calamares por el huevo.
3. Pasar por la mezcla de harina.
4. Pasar los anillos de calamar a la bandeja de crispar al aire.

5. Rociar con aceite.
6. Elija el ajuste de freír con aire.
7. Cocine a 176 grados C durante 5 minutos.
8. Voltee y cocine por otros 5 minutos.

Nutrición Calorías 174 Grasas 9g Proteínas 11,5g

212. Champiñones rellenos italianos

Tiempo de preparación: 10 minutos
Tiempo de cocción: 5 minutos
Porciones: 10
Ingredientes:
- 60ml de aceite de oliva
- 2 dientes de ajo, picados
- 47g de queso parmesano rallado
- 63g de pan rallado
- 2 cucharadas de perejil picado
- Sal y pimienta al gusto
- 25 champiñones, sin tallos

Instrucciones
1. En un bol, mezclar todos los Ingredientes excepto las setas.
2. Rellenar los sombreros de los champiñones con la mezcla.
3. Disponer en una sola capa en la bandeja de crispar al aire.
4. Poner el horno de la freidora de aire a asar.
5. Cocine a 171 grados C durante 5 minutos.

Nutrición Calorías 159 Grasas 11g Proteínas 19g

213. Rangos de cangrejo

Tiempo de preparación: 5 minutos
Tiempo de cocción: 7 minutos
Porciones: 15
Ingredientes:
- 226g de carne de cangrejo
- 226g de queso crema
- 30 envolturas de rollo de huevo
- 60ml de aceite de oliva

Instrucciones
1. Mezclar la carne de cangrejo y el queso crema.
2. Cubrir los envoltorios con la mezcla.
3. Dobla los envoltorios y séllalos.
4. Pincelar ambos lados con aceite de oliva.

5. Colocar los panecillos en la bandeja de crispar al aire.
6. Ponerla en función de freír al aire.
7. Cocine a 149 grados C durante 7 minutos.

Nutrición Calorías 154 Grasas 12g Proteínas 21g

214. Chips de zanahoria

Tiempo de preparación: 10 minutos
Tiempo de cocción: 12 minutos
Porciones: 6
Ingredientes:
- 3 zanahorias, cortadas en rodajas finas
- 2 cucharadas de aceite de oliva
- -Sal al gusto

Instrucciones
1. Untar las zanahorias con aceite.
2. Sazonar con sal.
3. Colocar las zanahorias en la bandeja de aire crispar.
4. Cocinar a 182 grados C durante 6 minutos.
5. Voltee y cocine por otros 6 minutos.

Nutrición Calorías 134 Grasas 11g Proteínas 19g

215. Quiche Lorraine

Tiempo de preparación: 15 minutos
Tiempo de cocción: 32 minutos
Porciones: 6
Ingredientes:
- 1 cucharada de mantequilla
- 50g de cebolla picada
- 56g de champiñones
- 130g de jamón, cortado en dados
- 187g de nata
- 1 yema de huevo
- 1 huevo
- ½ cucharadita de tomillo
- ¼ cucharadita de nuez moscada molida
- Sal y pimienta al gusto
- 60g de queso Gruyere rallado
- 1 corteza de pastel refrigerada

Instrucciones
1. Añadir la mantequilla a una sartén a fuego medio.
2. Cocinar la cebolla y los champiñones durante 5 minutos, removiendo a menudo.

3. Incorporar el jamón, la nata, la yema y el huevo.
4. Condimentar con el tomillo, la nuez moscada, la sal y la pimienta.
5. Cocer durante 2 minutos.
6. Añadir la masa de la tarta en un molde para tartas.
7. Verter la mezcla en la corteza de la tarta.
8. Espolvorear el queso por encima.
9. Colocar el molde dentro de la freidora de aire.
10. Elija el ajuste de horneado.
11. Ajústelo a 149 grados C.
12. Cocine durante 25 minutos.

Nutrición Calorías 164 Grasas 21g Proteínas 32g

216. Galletas de queso

Tiempo de preparación: 10 minutos
Tiempo de cocción: 10 minutos
Porciones: 6

Ingredientes:
- 62g de harina de pastel
- 156g de harina para todo uso
- ½ cucharadita de bicarbonato de sodio
- ¾ de cucharadita de levadura en polvo
- 60g de mantequilla, cortada en cubos
- 40g de queso cheddar rallado
- 1 cucharadita de azúcar
- 180ml de suero de leche
- 3 cucharadas de cebollas picadas

Instrucciones
1. Tamizar las harinas, el bicarbonato y la levadura en polvo en un bol.
2. Incorporar el resto de los ingredientes.
3. Mezclar.
4. Formar figuras redondas con la masa.
5. Presionar para aplanar.
6. Colocar las galletas en un molde para hornear.
7. Deslícelo dentro de la freidora de aire.
8. Seleccione el ajuste de freír al aire.
9. Cocine a 204 grados C durante 8 a 10 minutos.

Nutrición Calorías 84 Grasas 7,7g Proteínas 11,5g

217. Verduras y cerdo

Tiempo de preparación: 20 minutos

Tiempo de cocción: 20 minutos
Porciones: 4
Ingredientes:
Verduras
- 50g de cebolla, cortada en dados
- 283g de champiñones, cortados en dados
- 2 pimientos rojos, cortados en dados
- 453g de col, rallada
- 1 cucharada de aceite de oliva
- 1 cucharada de condimento cajún

Cerdo
- 453g de lomo de cerdo
- Sal y pimienta al gusto

Instrucciones
1. Mezclar las verduras con el aceite y los condimentos.
2. Añadir a la bandeja de crispar al aire.
3. Seleccione el ajuste de freír con aire.
4. Cocine a 176 grados C durante 5 minutos.
5. Revuelva y cocine durante otros 5 minutos.
6. Pasar a un plato de porción.
7. Sazonar la carne de cerdo con sal y pimienta.
8. Colóquelo dentro del horno de la freidora de aire.
9. Cocine a 176 grados C durante 10 minutos, dándole la vuelta una vez.
10. Servir la carne de cerdo con verduras.

Nutrición Calorías 184 Grasas 12g Proteínas 25g

218. Tostada de ricotta

Tiempo de preparación: 10 minutos
Tiempo de cocción: 8 minutos
Porciones: 2
Ingredientes:
- 39g de nueces picadas
- 1 diente de ajo, picado
- 211g de tomates cherry, cortados por la mitad
- 2 cucharadas de aceite de oliva
- Sal y pimienta al gusto
- 2 rebanadas de pan
- 132g de queso ricotta
- 2 cucharadas de queso parmesano rallado

Instrucciones
1. Mezclar las nueces, el ajo y los tomates en aceite de oliva.

2. Sazonar con sal y pimienta.
3. Añadir la mezcla a la bandeja de crispar al aire.
4. Cocinar a 165 grados C durante 5 minutos.
5. Transfiera la mezcla sobre las rebanadas de pan.
6. Cubra con los quesos.
7. Poner la freidora de aire a tostar.
8. Cocinar durante 3 minutos.

Nutrición Calorías 84 Grasas 8g Proteínas 15g

219. Tostada de huevo revuelto

Tiempo de preparación: 5 minutos
Tiempo de cocción: 5 minutos
Porciones: 2

Ingredientes:

- 2 rebanadas de pan
- 2 cucharadas de mantequilla
- 265g de huevos revueltos

Instrucciones

1. Untar el pan con la mantequilla. Añade los huevos revueltos por encima.
2. Colocar en la freidora de aire. Póngala a freír al aire. Cocine a 165 grados C durante 5 minutos.

Nutrición Calorías 104 Grasas 7,7g Proteínas 11,5g

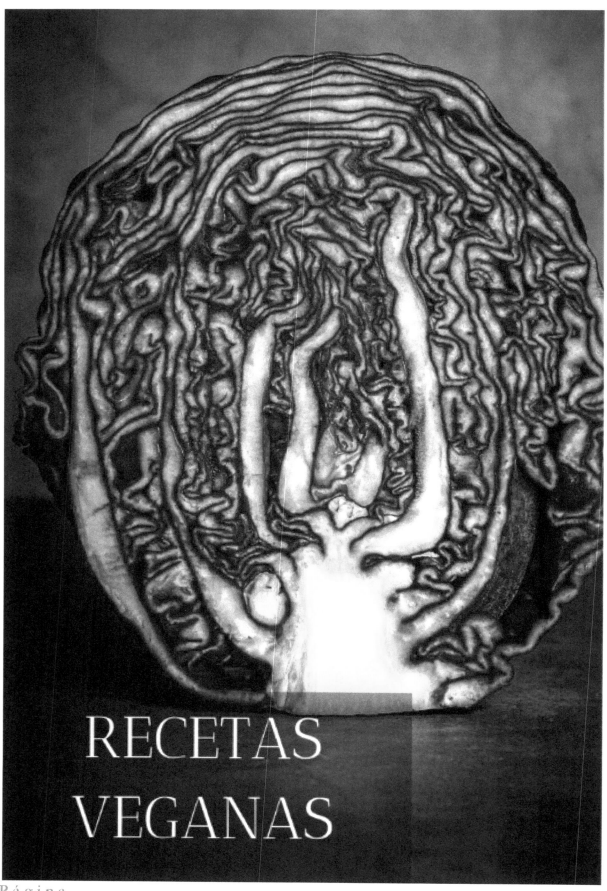

RECETAS
VEGANAS

220. Frijoles de cera con limón

Tiempo de preparación: 6 minutos
Tiempo de cocción: 14 minutos
Porciones: 3
Ingredientes:
- 907 g de judías de cera
- 2 cucharadas de aceite de oliva virgen extra
- ½ zumo de limón

Instrucciones
1. Prepara una bandeja de horno con papel de aluminio.
2. Echar las judías de cera con el aceite de oliva en un bol grande. Espolvorear ligeramente con sal y pimienta.
3. Disponer las judías de cera en la bandeja.
4. Pulsa Asar, Superconvección, ajusta la temperatura a 204°C y luego la alarma a 12 minutos. Pulsa Iniciar/Parar para comenzar el precalentamiento.
5. Una vez precalentado, sitúe la bandeja para hornear en posición de asado.
6. Cuando estén hechas, las judías estarán caramelizadas y tiernas. Sacar del horno a un plato y servir rociadas con el zumo de limón.

Nutrición Calorías 211 Grasas 75g Proteínas 82g

221. Coles de Bruselas con tomates

Tiempo de preparación: 11 minutos
Tiempo de cocción: 31 minutos
Porciones: 5
Ingredientes:
- 1 lb. (454 g) de coles de Bruselas
- 1 cucharada de aceite de oliva virgen extra
- 28g de tomates secos
- 2 cucharadas de zumo de limón
- 1 cucharadita de ralladura de limón

Instrucciones
1. Prepara una bandeja de horno grande con papel de aluminio.
2. Echa las coles de Bruselas con el aceite de oliva. Sazona con sal y pimienta negra.
3. Dispón las coles de Bruselas en una sola capa en la bandeja de horno.
4. Pulsa Asar, Superconvección, ajusta la temperatura a 204°C y luego la alarma a 20 minutos. Pulsa Iniciar/Parar para precalentar.
5. Una vez calentado, sitúe la bandeja de hornear en posición de asado.
6. Cuando estén hechas, las coles de Bruselas deben estar caramelizadas. Retira del horno y añade los tomates, el zumo de limón y la ralladura de limón. Servir.

Nutrición Calorías 117 Grasas 31g Proteínas 48g

222. Granola de nueces con jarabe de arce

Tiempo de preparación: 9 minutos
Tiempo de cocción: 20 minutos
Porciones: 4
Ingredientes:
- 143g de copos de avena
- 137g de sirope de arce
- 39g de trozos de nuez
- 1 cucharadita de extracto de vainilla
- ½ cucharadita de canela molida

Instrucciones
1. Forrar una bandeja para hornear con papel pergamino.
2. Mezclar la avena, el sirope de arce, los trozos de nuez, la vainilla y la canela en un bol grande y remover hasta que la avena y los trozos de nuez estén completamente cubiertos. Extiende la mezcla de manera uniforme en la bandeja para hornear.
3. Selecciona Hornear, Superconvección, ajusta la temperatura a 300°F (150°C), y ajusta el tiempo a 20 minutos. Selecciona Iniciar/Parar para comenzar el precalentamiento.
4. Una vez precalentado, coloque la bandeja de hornear en la posición de horneado.

Remueva una vez a la mitad del tiempo de cocción.

5. Cuando esté hecho, retírelo del horno y déjelo enfriar durante 30 minutos antes de servirlo. La granola puede estar todavía un poco blanda justo después de sacarla, pero se irá endureciendo poco a poco a medida que se enfríe.

Nutrición Calorías 117 Grasas 7g Proteínas 11g

223. Brócoli con salsa

Tiempo de preparación: 11 minutos
Tiempo de cocción: 22 minutos
Porciones: 4
Ingredientes:
- ½ cucharadita de aceite de oliva, más para engrasar
- 1 libra (454 g) de brócoli fresco, cortado en ramilletes
- ½ cucharada de ajo picado
- Sal, al gusto

Salsa:
- 1½ cucharadas de salsa de soja
- 2 cucharaditas de salsa picante o sriracha
- 1½ cucharaditas de miel
- 1 cucharadita de vinagre blanco

Instrucciones
1. Unte la cesta de freír al aire con aceite de oliva.
2. Añade los ramilletes de brócoli, ½ cucharadita de aceite de oliva y el ajo a un bol grande y remueve bien. Sazone con sal al gusto.
3. Poner el brócoli en la cesta de freír en una sola capa.
4. Selecciona Freír al Aire, Superconvección, ajusta la temperatura a 205°C (400°F), y ajusta el tiempo a 15 minutos. Selecciona Iniciar/Parar para comenzar el precalentamiento.
5. Una vez precalentado, sitúe la cesta de freír al aire en la posición de freír al aire. Remueva los ramilletes de brócoli tres veces durante la cocción.
6. Mientras tanto, bate todos los ingredientes de la salsa en un bol pequeño hasta que estén bien incorporados. Si la miel no se incorpora bien, calienta la salsa en el

microondas de 10 a 20 segundos hasta que la miel se derrita.

7. Cuando termine la cocción, el brócoli debe estar ligeramente dorado y crujiente. Continuar la cocción durante 5 minutos, si se desea. Sacar del horno y ponerlo en una bandeja para servir. Verter sobre la salsa y mezclar para combinar. Añadir más sal y pimienta, si es necesario. Servir caliente.

Nutrición Calorías 127 Grasas 14g Proteínas 21g

224. Raíces de apio con mantequilla

Tiempo de preparación: 6 minutos
Tiempo de cocción: 16 minutos
Porciones: 4
Ingredientes:
- 2 raíces de apio, peladas y cortadas en dados
- 1 cucharadita de aceite de oliva virgen extra
- 1 cucharadita de mantequilla derretida
- ½ cucharadita de canela molida
- Sal marina y pimienta negra recién molida, al gusto

Instrucciones
1. Forrar una bandeja de horno con papel de aluminio.
2. Mezcle las raíces de apio con el aceite de oliva en un bol grande hasta que estén bien cubiertas. Transfiérelas a la bandeja de hornear preparada.
3. Selecciona Asar, Superconvección, ajusta la temperatura a 350°F (180°C) y ajusta el tiempo a 20 minutos. Selecciona Iniciar/Parar para comenzar el precalentamiento.
4. Una vez precalentado, coloque la bandeja de hornear en la posición de asado.
5. Cuando esté hecho, las raíces de apio deben estar muy tiernas. Saca del horno y ponlo en una bandeja para servir. Incorporar la mantequilla y la canela y triturarlas con un pasapurés hasta que queden esponjosas.
6. Sazonar con sal y pimienta al gusto. Servir inmediatamente.

Nutrición Calorías 131 Grasas 19g Proteínas 38g

225. Tots de brócoli con queso

Tiempo de preparación: 19 minutos
Tiempo de cocción: 16 minutos
Porciones: 4

Ingredientes:

- 340 g de brócoli congelado, descongelado, escurrido y secado con palmaditas
- 1 huevo grande, ligeramente batido
- 63g de pan rallado integral sazonado
- 40g de queso Cheddar rallado reducido en grasas
- 23g de queso parmesano rallado
- 1½ cucharaditas de ajo picado

Instrucciones

1. Engrase ligeramente la cesta de freír al aire con spray de cocina.
2. Colocar el resto de los ingredientes en un procesador de alimentos y procesar hasta que la mezcla se asemeje a una harina gruesa. Pasar la mezcla a un bol.
3. Con una cucharada, saque la mezcla de brócoli y forme 24 "tater tot" ovalados con las manos.
4. Poner los tots en la cesta preparada en una sola capa, separándolos 1 pulgada. Rocíe los tots ligeramente con spray de cocina.
5. Pulse Freír al Aire, Superconvección, ajuste la temperatura a 190ºC y luego la alarma a 15 minutos. Pulsa Iniciar/Parar para comenzar el precalentamiento.
6. Una vez precalentado, coloque la cesta de freír al aire en la posición de freír al aire. Voltee los tots a la mitad del tiempo de cocción.
7. Cuando estén hechos, los tots estarán ligeramente dorados y crujientes. Sacar del horno y servir en un plato.

Nutrición Calorías 174 Grasas 28g Proteínas 35g

226. Coliflor con pimentón

Tiempo de preparación: 11 minutos
Tiempo de cocción: 31 minutos
Porciones: 6

Ingredientes:

- 1 cabeza grande de coliflor
- 2 cucharaditas de pimentón ahumado
- 1 cucharadita de ajo en polvo

Instrucciones

1. Engrase la cesta de freír al aire con spray de cocina.
2. Mezcle los ramilletes de coliflor con el pimentón ahumado y el ajo en polvo hasta que estén uniformemente cubiertos. Sazone con sal y pimienta.
3. Colocar los ramilletes de coliflor en la cesta de freír al aire y engrasar ligeramente con spray de cocina.
4. Pulse Freír al Aire, Superconvección, ajuste la temperatura a 205ºC (400ºF) y el tiempo a 20 minutos. Seleccione Iniciar/Parar para comenzar el precalentamiento.
5. Una vez precalentado, coloque la cesta para freír al aire en la posición de freír al aire. Remueva la coliflor cuatro veces durante la cocción.
6. Saque la coliflor del horno y sírvala caliente.

Nutrición Calorías 157 Grasas 11g Proteínas 15g

227. Espárragos con huevos y tomates

Tiempo de preparación: 9 minutos
Tiempo de cocción: 14 minutos
Porciones: 4

Ingredientes:

- 2 libras (907 g) de espárragos, recortados
- 3 cucharadas de aceite de oliva virgen extra, divididas
- 1 cucharadita de sal kosher, dividida
- 1 pinta de tomates cherry
- 4 huevos grandes
- ¼ de cucharadita de pimienta negra recién molida

Instrucciones

1. Poner los espárragos en la sartén y rociar con 2 cucharadas de aceite de oliva, removiendo para cubrirlos. Sazona con ½ cucharadita de sal kosher.
2. Selecciona Asar, Superconvección, ajusta la temperatura a 375ºF (190ºC), y ajusta el tiempo a 12 minutos. Seleccione Iniciar/Parar para comenzar el precalentamiento.

3. Una vez precalentado, coloque la sartén en la posición de asado.

4. Mientras tanto, revuelve los tomates cherry con la cucharada restante de aceite de oliva en un bol mediano hasta que estén bien cubiertos.

5. Después de 6 minutos, retire la sartén y mezcle los espárragos. Distribuya uniformemente los espárragos en el centro de la sartén. Añade los tomates alrededor del perímetro de la sartén. Volver a meter la sartén en el horno y continuar la cocción.

6. Después de 2 minutos, retire la sartén del horno.

7. Romper con cuidado los huevos, de uno en uno, sobre los espárragos, espaciándolos. Sazonar con la ½ cucharadita restante de sal kosher y la pimienta. Vuelva a poner la sartén en el horno y continúe la cocción. Cocinar de 3 a 7 minutos más, o hasta que los huevos estén cocidos al punto deseado.

8. Cuando esté hecho, repartir los espárragos y los huevos en cuatro platos. Cubra cada plato de manera uniforme con los tomates y sirva.

Nutrición Calorías 139 Grasas 13g Proteínas 22g

228. Tortellini con guisantes y espárragos

Tiempo de preparación: 9 minutos
Tiempo de cocción: 16 minutos
Porciones: 4

Ingredientes:

- 8 onzas (227 g) de guisantes de azúcar, recortados
- ½ libra (227 g) de espárragos, recortados y cortados en trozos de 1 pulgada
- 2 cucharaditas de sal kosher o 1 cucharadita de sal fina, dividida
- 1 cucharada de aceite de oliva virgen extra
- 375ml de agua
- 1 paquete de tortellini de queso congelado (340 g)
- 2 dientes de ajo picados
- 250ml de nata líquida (para batir)
- 211g de tomates cherry, cortados por la mitad

- 47g de queso parmesano rallado
- 15g de perejil o albahaca fresca picada

Instrucciones

1. Añadir los guisantes y los espárragos a un bol grande. Añadir ½ cucharadita de sal kosher y el aceite de oliva y mezclar hasta que estén bien cubiertos. Coloca las verduras en la sartén.

2. Selecciona Hornear, Superconvección, ajusta la temperatura a 450ºF (235ºC), y ajusta el tiempo a 4 minutos. Selecciona Iniciar/Parar para comenzar el precalentamiento.

3. Una vez precalentado el aparato, coloque la bandeja en la posición de horneado.

4. Mientras tanto, disuelve 1 cucharadita de sal kosher en el agua.

5. Una vez terminada la cocción, retire la sartén del horno y coloque los tortellini en la sartén. Vierta el agua con sal sobre los tortellini. Vuelva a colocar la sartén en el horno.

6. Seleccione Hornear, Superconvección, ajuste la temperatura a 450ºF (235ºC), y programe el tiempo para 7 minutos. Coloque la sartén en la posición de horneado.

7. Mientras tanto, mezcle el ajo, la crema de leche y la ½ cucharadita restante de sal kosher en un bol pequeño.

8. Una vez terminada la cocción, retire la sartén del horno. Quite el agua restante con una toalla de papel. Remover suavemente los ingredientes. Rocíe la crema por encima y cubra con los tomates.

9. Seleccione Asar, Superconvección, ajuste la temperatura a 375ºF (190ºC) y programe el tiempo para 5 minutos. Coloca la sartén en la posición de asado.

10. Una vez que el aparato se haya precalentado, coloque la bandeja en el horno.

11. Después de 4 minutos, retire la bandeja del horno.

12. Añade el queso parmesano y remueve hasta que el queso se derrita

13. Servir cubierto con el perejil.

Nutrición Calorías 122 Grasas 7,1 g Proteínas 11,5g

229. Tofu de zanahoria con cacahuetes

Tiempo de preparación: 9 minutos
Tiempo de cocción: 16 minutos
Porciones: 4

Ingredientes:

- 80ml de salsa estilo asiático
- 1 cucharadita de maicena
- ½ cucharadita de copos de pimienta roja, o más al gusto
- 1 libra (454 g) de tofu firme o extrafuerte, cortado en cubos de 1 pulgada
- 1 zanahoria pequeña, pelada y cortada en monedas de 6mm de grosor
- 1 pimiento verde pequeño, cortado en trozos del tamaño de un bocado
- 3 cebolletas, cortados en rodajas, con las partes blancas y verdes separadas
- 3 cucharadas de cacahuetes tostados sin sal

Instrucciones

1. En un bol grande, bata la salsa, la maicena y los copos de pimienta roja. Incorporar el tofu, la zanahoria, el pimiento y las partes blancas de las cebolletas y remover para cubrir. Extiende la mezcla uniformemente en la bandeja.
2. Selecciona Asar, Superconvección, ajusta la temperatura a 375°F (190°C), y ajusta el tiempo a 10 minutos. Selecciona Iniciar/Parar para comenzar el precalentamiento.
3. Una vez precalentado, coloque la olla en la posición de asado. Remueva los ingredientes una vez a mitad del tiempo de cocción.
4. Cuando esté hecho, retira la sartén del horno. Servir espolvoreado con los cacahuetes y las cebolletas.

Nutrición Calorías 99 Grasas 6g Proteínas 10g

230. Tacos de Queso con Frijoles Negros y Salsa

Tiempo de preparación: 19 minutos
Tiempo de cocción: 7 minutos
Porciones: 4

Ingredientes:

- 1 lata (15 onzas / 425 g) de frijoles negros, escurridos y enjuagados
- 120g de salsa preparada
- 1½ cucharaditas de chile en polvo
- 4 onzas (113 g) de queso Monterey Jack rallado
- 2 cucharadas de cebolla picada
- 8 tortillas de harina (6 pulgadas)
- 2 cucharadas de aceite vegetal o de oliva extra virgen
- Lechuga rallada, para la porción

Instrucciones

1. En un tazón mediano, agregue los frijoles, la salsa y el chile en polvo. Aplástalos toscamente con un machacador de papas. Incorpore el queso y la cebolla y revuelva hasta que se combinen.
2. Colocar las tortillas de harina en una tabla de cortar y poner de 2 a 3 cucharadas del relleno en cada tortilla. Doblar las tortillas, presionando ligeramente para igualar el relleno. Unte los tacos por un lado con la mitad del aceite de oliva y póngalos, con el lado aceitado hacia abajo, en la bandeja. Unte la cara superior con el aceite de oliva restante.
3. Selecciona Freír al Aire, Superconvección, ajusta la temperatura a 204°C y la alarma a 7 minutos. Pulsa Iniciar/Parar para comenzar el precalentamiento.
4. Una vez caliente, coloque la sartén en el horno. Dé la vuelta a los tacos a mitad del tiempo de cocción.
5. Retira la bandeja del horno y deja que se enfríen durante 5 minutos. Servir con la lechuga picada al lado.

Nutrición Calorías 199 Grasas 28g Proteínas 36g

231. Col y guisantes con mango

Tiempo de preparación: 13 minutos
Tiempo de cocción: 21 minutos
Porciones: 6

Ingredientes:

- 1 cabeza de col Napa
- 1 zanahoria mediana
- 227 g de guisantes

- 1 pimiento rojo o verde
- 1 cucharada de aceite vegetal
- 2 cucharadas de salsa de soja
- 1 cucharada de aceite de sésamo
- 2 cucharadas de azúcar moreno
- 2 cucharadas de zumo de lima
- 2 cucharaditas de pasta de curry tailandesa roja o verde
- 1 chile serrano
- 86g de rodajas de mango congeladas
- 69g de cacahuetes o anacardos tostados

Instrucciones

1. Mezclar la mitad de la col Napa con la zanahoria, los guisantes y el pimiento. Vierta el aceite vegetal para cubrirlos. Dispóngalos uniformemente en la sartén.
2. Pulse Asar, Superconvección, ajuste la temperatura a 190°C y luego la alarma a 8 minutos. Pulsa Iniciar/Parar para empezar a precalentar.
3. Cuando se haya calentado, sitúe la sartén en posición de asado.
4. Revuelva la salsa de soja, el aceite de sésamo, el azúcar moreno, el zumo de lima y la pasta de curry
5. Una vez hecho, debe estar tierno y crujiente. Sacar de la sartén y volver a situar las verduras en el bol. Incorporar el chile, las rodajas de mango y el resto de la col. Rocíe el aderezo para cubrirlo. Decorar con las nueces tostadas y servir.

Nutrición Calorías 121 Grasas 41g Proteínas 53g

232. Berenjena con albahaca

Tiempo de preparación: 9 minutos
Tiempo de cocción: 22 minutos
Porciones: 2
Ingredientes:

- 1 berenjena pequeña, cortada por la mitad y en rodajas
- 1 pimiento amarillo, cortado en tiras gruesas
- 1 pimiento rojo, cortado en tiras gruesas
- 2 dientes de ajo, cortados en cuartos
- 1 cebolla roja, cortada en rodajas
- 1 cucharada de aceite de oliva virgen extra
- 30g de albahaca fresca

Instrucciones

1. Engrasar una fuente de horno antiadherente con spray de cocina.
2. Colocar la berenjena, los pimientos, el ajo y la cebolla roja en la fuente de horno engrasada. Rocíe con el aceite de oliva y revuelva para cubrir bien. Rocíe las superficies no cubiertas con aceite en aerosol.
3. Seleccione Hornear, Superconvección, ajuste la temperatura a 350°F (180°C), y ajuste el tiempo a 20 minutos. Seleccione Iniciar/Parar para comenzar el precalentamiento.
4. Una vez precalentado, coloque la bandeja de horno en la posición de horneado. Dale la vuelta a las verduras a mitad del tiempo de cocción.
5. Cuando estén hechas, retíralas del horno y espolvorea con sal y pimienta.
6. Espolvorear la albahaca por encima para decorar y servir.

Nutrición Calorías 99 Grasa 6g Proteína 13g

233. Espárragos

Tiempo de preparación: 9 minutos
Tiempo de cocción: 22 minutos
Porciones: 6
Ingredientes:

- 4 cucharadas de aceite de oliva
- 4 cucharadas de vinagre balsámico
- 1½ lb. (680 g) espárragos

Instrucciones

1. Unte la cesta de freír al aire con aceite de oliva.
2. Fría 4 cucharadas de aceite de oliva y vinagre balsámico para el adobo.
3. Mezcle los espárragos con la marinada y déjelos reposar durante 5 minutos.
4. Extiende los espárragos en la cesta aceitada en una sola capa y sazónalos.
5. Pulse Freír al Aire, Superconvección, ajuste la temperatura a 176°C y luego la alarma a 10 minutos. Pulsa Iniciar/Parar para precalentar.
6. Una vez hecho esto, sitúe la cesta de freír al aire en la posición de freír al aire. Gire los espárragos a mitad del tiempo de cocción.

7. Enfríe durante 6 minutos antes de la porción..

Nutrición Calorías 194 Grasas 18g Proteínas 28g

234. Huevo y espinacas con albahaca

Tiempo de preparación: 9 minutos
Tiempo de cocción: 13 minutos
Porciones: 2

Ingredientes:
- 2 cucharadas de aceite de oliva
- 4 huevos, batidos
- 5 onzas (142 g) de espinacas frescas, picadas
- 1 tomate mediano, picado
- 1 cucharadita de zumo de limón fresco
- ½ cucharadita de pimienta negra molida
- ½ cucharadita de sal gruesa
- 30g de hojas de albahaca fresca picada, para decorar

Instrucciones
1. Engrasar generosamente una bandeja de horno con aceite de oliva.
2. Mezclar el resto de los ingredientes, excepto las hojas de albahaca, en el molde engrasado hasta que estén bien incorporados.
3. Selecciona Hornear, Superconvección, ajusta la temperatura a 280ºF (137ºC), y ajusta el tiempo a 10 minutos. Selecciona Iniciar/Parar para comenzar el precalentamiento.
4. Cuando haya terminado, sitúe el molde en posición de horneado.
5. Saque del horno y espolvoree con las hojas de albahaca fresca.

Nutrición Calorías 101 Grasas 9g Proteínas 16g

235. Brócoli con queso

Tiempo de preparación: 9 minutos
Tiempo de cocción: 18 minutos
Porciones: 4

Ingredientes:
- 1 cabeza de brócoli de tamaño grande, sin tallo y cortada en ramilletes pequeños
- 2½ cucharadas de aceite de canola
- 2 cucharaditas de albahaca seca
- 2 cucharaditas de romero seco
- Sal y pimienta negra molida, al gusto
- 79g de queso amarillo rallado

Instrucciones
1. Poner a hervir una olla con agua ligeramente salada. Añade los ramilletes de brócoli al agua hirviendo y deja que hiervan durante unos 3 minutos.
2. Escurrir bien los ramilletes de brócoli y pasarlos a un bol grande. Añadir el aceite de canola, la albahaca, el romero, la sal y la pimienta negra al bol y mezclar hasta que el brócoli esté completamente cubierto. Colocar el brócoli en la cesta de freír al aire.
3. Selecciona Freír al Aire, Súper Convección, ajusta la temperatura a 390ºF (199ºC), y ajusta el tiempo a 15 minutos. Seleccione Iniciar/Parar para comenzar el precalentamiento.
4. Una vez precalentado, coloque la cesta para freír al aire en la posición para freír al aire. Remueva el brócoli a mitad del tiempo de cocción.
5. Cuando la cocción haya terminado, el brócoli debe estar crujiente. Retire la cesta del horno. Sirva el brócoli caliente con queso rallado espolvoreado por encima.

Nutrición Calorías 108 Grasas 9g Proteínas 13g

236. Col rizada con tahini y limón

Preparation Time: 9 minutes
Cooking Time: 16 minutes
Serving: 4

Ingredientes:
Aderezo:
- 60g de tahini
- 60ml de zumo de limón fresco
- 2 cucharadas de aceite de oliva
- 1 cucharadita de semillas de sésamo
- ½ cucharadita de ajo en polvo
- ¼ de cucharadita de pimienta de cayena

Col rizada:
- 120g de hojas de col rizada desmenuzadas (sin tallos ni costillas y con las hojas

desmenuzadas en trozos del tamaño de la palma de la mano)

- Sal Kosher y pimienta negra recién molida, al gusto

Instrucciones

1. Prepare el aderezo: Bate el tahini, el zumo de limón, el aceite de oliva, las semillas de sésamo, el ajo en polvo y la pimienta de cayena en un bol grande hasta que estén bien mezclados.
2. Añadir la col rizada y masajear bien el aliño por todas las hojas. Espolvorear la sal y la pimienta para sazonar.
3. Colocar la col rizada en la cesta de freír al aire en una sola capa.
4. Selecciona Freír al Aire, Súper Convección, ajusta la temperatura a 350°F (180°C) y ajusta el tiempo a 15 minutos. Pulsa Iniciar/Parar para iniciar el precalentamiento.
5. Una vez precalentado, coloque la cesta de freír al aire en posición para freír al aire.
6. Saque del horno y sirva.

Nutrición Calorías 124 Grasas 12g Proteínas 28g

237. Mezcla de calabaza y champiñones

Tiempo de preparación: 11 minutos
Tiempo de cocción: 23 minutos
Porciones: 6
Ingredientes:

- 1 paquete de champiñones (226g)
- 1 calabaza amarilla de verano
- 1 pimiento rojo
- 3 dientes de ajo
- 1 cucharada de aceite de oliva
- ½ cucharadita de albahaca seca
- ½ cucharadita de tomillo seco
- ½ cucharadita de estragón seco

Instrucciones

1. Incorpore los champiñones, la calabaza y el pimiento con el ajo y el aceite de oliva hasta que estén bien cubiertos. Incorpore la albahaca, el tomillo y el estragón y vuelva a mezclar.

2. Disponga las verduras de manera uniforme en la cesta de freír al aire.
3. Pulse Asar, Superconvección, ajuste la temperatura a 176°C y luego la alarma a 16 minutos. Pulsa Iniciar/Parar para comenzar el precalentamiento.
4. Una vez hecho, sitúe la cesta en posición de asado.
5. Saque la cesta del horno. Deje reposar durante 5 minutos antes de servir.

Nutrición Calorías 121 Grasas 9g Proteínas 23g

238. Zanahorias con ajo

Tiempo de preparación: 6 minutos
Tiempo de cocción: 16 minutos
Porciones: 4
Ingredientes:

- 454 g de zanahorias baby
- 1 cucharada de aceite de sésamo
- ½ cucharadita de eneldo seco
- Una pizca de sal
- Pimienta negra recién molida, al gusto
- 6 dientes de ajo pelados
- 3 cucharadas de semillas de sésamo

Instrucciones

1. En un bol mediano, rocíe las zanahorias baby con el aceite de sésamo. Espolvorear con el eneldo, la sal y la pimienta y mezclar para cubrir bien.
2. Coloca las zanahorias baby en la cesta de freír al aire.
3. Selecciona Asar, Superconvección, ajusta la temperatura a 380°F (193°C), y ajusta el tiempo a 16 minutos. Selecciona Iniciar/Parar para comenzar el precalentamiento.
4. Una vez precalentado, coloque la cesta en la posición de asado.
5. Transcurridos 8 minutos, retire la cesta del horno y añada el ajo. Vuelva a colocar la cesta en el horno y continúe asando durante 8 minutos más.
6. Cuando termine la cocción, las zanahorias deben estar ligeramente doradas. Saque la cesta del horno y sírvala espolvoreada con las semillas de sésamo.

Nutrición Calorías 94 Grasa 7 g Proteína 12g

239. Coles de Bruselas con salsa de chile

Tiempo de preparación: 9 minutos
Tiempo de cocción: 26 minutos
Porciones: 2

Ingredientes:

- 60g de salsa de chile dulce tailandesa
- 2 cucharadas de vinagre negro o vinagre balsámico
- ½ cucharadita de salsa picante
- 2 chalotas pequeñas, cortadas en rodajas de ¼ de pulgada de grosor
- 8 onzas (227 g) de coles de Bruselas, recortadas (las coles grandes cortadas por la mitad)
- Sal Kosher y pimienta negra recién molida, al gusto
- 2 cucharaditas de hojas de cilantro frescas ligeramente empaquetadas, para decorar

Instrucciones

1. Colocar la salsa de chile, el vinagre y la salsa picante en un tazón grande y batir para combinar.
2. Añadir las chalotas y las coles de Bruselas y mezclar para cubrirlas. Espolvorear con la sal y la pimienta. Pasar las coles de Bruselas y la salsa a una bandeja de horno.
3. Pulsa Asar, Superconvección, ajusta la temperatura a 200°C y la alarma a 20 minutos. Pulsa Iniciar/Parar para precalentar.
4. Una vez calentado, sitúe la bandeja en posición de asado. Remueve las coles de Bruselas dos veces durante la cocción.
5. Cuando termine la cocción, las coles de Bruselas deben estar crujientes y tiernas. Retirar del horno. Espolvorear el cilantro por encima para decorar y servir caliente.

Nutrición Calorías 114 Grasas 9g Proteínas 19g

POSTRES

RECETAS DE POSTRES

240. Brownies de mantequilla de cacao

Tiempo de preparación: 9 minutos
Tiempo de cocción: 21 minutos
Porciones: 6
Ingredientes:
- 1 barrita de mantequilla derretida
- 212g de azúcar moreno
- 2 huevos
- 94g de harina para todo uso
- ½ cucharadita de levadura en polvo
- 26g de cacao en polvo
- 2 cucharadas de aceite de coco
- 1 cucharadita de extracto de coco
- Una pizca de sal marina

Instrucciones
1. Comience precalentando la freidora de aire a 340°F (171°C).
2. Rocía los lados y el fondo de un molde para hornear con spray antiadherente para cocinar.
3. En un cuenco, batir la mantequilla derretida y el azúcar hasta que quede esponjoso. A continuación, incorporar los huevos y batir de nuevo hasta que estén bien combinados.
4. A continuación, añada el resto de los ingredientes. Mezclar hasta que todo esté bien incorporado. Pasar al molde para hornear.
5. Coloque la bandeja de hornear en la posición correspondiente de la freidora de aire. Seleccionar "Hornear" y cocinar durante 20 minutos. Disfrute.

Nutrición Calorías 97 Grasas 7g Proteínas 11g

241. Tazas de panqueque de vainilla

Tiempo de preparación: 9 minutos
Tiempo de cocción: 6 minutos
Porciones: 4
Ingredientes:

- 62g de harina
- 2 huevos
- 80ml de leche de coco
- 1 cucharada de aceite de coco derretido
- 1 cucharadita de pasta de vainilla
- ¼ cucharadita de canela molida
- Una pizca de cardamomo molido

Instrucciones
1. Comience por precalentar la freidora de aire a 330°F (166°C).
2. Mezclar todos los ingredientes hasta que estén bien combinados.
3. Dejar reposar la masa durante 20 minutos. Vierta la masa en un molde para magdalenas engrasado. Pasar al molde para hornear.
4. Coloque el molde en la posición correspondiente de la freidora de aire. Seleccione "Hornear" y cocine de 4 a 5 minutos o hasta que se dore. Sirva con los aderezos que desee.
5. ¡Buen provecho!

Nutrición Calorías 114 Grasas 14g Proteínas 25g

242. Manzanas al horno con nueces

Tiempo de preparación: 9 minutos
Tiempo de cocción: 17 minutos
Porciones: 4
Ingredientes:
- 2 manzanas medianas
- 4 cucharadas de nueces picadas
- 4 cucharadas de pasas sultanas
- 2 cucharadas de mantequilla, a temperatura ambiente
- ½ cucharadita de canela
- ¼ cucharadita de nuez moscada rallada

Instrucciones
1. Comience precalentando la freidora de aire a 340°F (171°C).
2. Corta las manzanas por la mitad y saca con una cuchara parte de la pulpa.

3. En un bol, mezcle bien el resto de los ingredientes. Rellene las mitades de las manzanas y páselas a la bandeja del horno. Vierta 60ml de agua en el molde.
4. Coloque el molde en la posición correspondiente de la freidora. Seleccione "Hornear" y cocine las manzanas durante 17 minutos. Servir a temperatura ambiente. ¡Buen provecho!

Nutrición Calorías 106 Grasas 7g Proteínas 17g

243. Bollos de mantequilla de pasas

Tiempo de preparación: 11 minutos
Tiempo de cocción: 16 minutos
Porciones: 5
Ingredientes:
- 125g de harina de uso general
- ½ cucharadita de levadura en polvo
- 56g de azúcar granulada
- 2 cucharadas de pasas
- Una pizca de sal marina gruesa
- Una pizca de nuez moscada rallada
- 1 cucharadita de ralladura de limón
- 1 cucharadita de extracto de vainilla
- 60g de mantequilla fría
- 2 huevos batidos

Instrucciones
1. Comience por precalentar la freidora de aire a 360ºF (182ºC).
2. Mezclar todos los ingredientes hasta que todo esté bien incorporado. Con una cuchara, vierta la masa en los moldes para hornear; baje los moldes a la bandeja para hornear.
3. Coloque el molde en la posición correspondiente de la freidora. Seleccione Hornear y cocine los bollos durante unos 17 minutos o hasta que un probador salga seco y limpio.
4. ¡Buen provecho!

Nutrición Calorías 109 Grasas 8g Proteínas 11,5g

244. Hojaldre danés con pastel de manzana

Tiempo de preparación: 9 minutos

Tiempo de cocción: 21 minutos
Porciones: 5
Ingredientes:
- 12 onzas (340 g) de hojaldre refrigerado
- 250g de relleno de tarta de manzana

Instrucciones
1. Comience precalentando la freidora de aire a 350ºF (180ºC).
2. Extiende la lámina de hojaldre hasta formar un rectángulo grande; corta la lámina de hojaldre en triángulos.
3. Colocar el relleno en cada triángulo; doblar el hojaldre y sellar los bordes con los dedos. Transfiera a la bandeja de hornear.
4. Coloque el molde en la posición correspondiente de la freidora. Seleccione "Hornear" y cocine la masa danesa durante 20 minutos o hasta que la parte superior esté dorada.
5. ¡Buen provecho!

Nutrición Calorías 119 Grasas 10g Proteínas 16g

245. Gulgulas con yogur

Tiempo de preparación: 9 minutos
Tiempo de cocción: 11 minutos
Porciones: 4
Ingredientes:
- 56g de harina común
- ½ cucharadita de levadura en polvo
- 125g de azúcar
- ¼ de cucharadita de cardamomo molido
- ¼ de cucharadita de sal marina
- 1 cucharada de ghee
- 2 huevos, batidos
- 2 cucharadas de yogur indio

Instrucciones
1. Comience por precalentar la freidora de aire a 360ºF (182ºC).
2. En un recipiente para mezclar, combine bien todos los ingredientes.
3. Deja caer una cucharada de masa en el molde engrasado.
4. Coloque el molde en la posición correspondiente de la freidora. Seleccione "Hornear" y cocine durante 10 minutos, dándoles la vuelta a mitad del tiempo de cocción.

5. Repita la operación con el resto de la masa y sirva caliente. ¡Que aproveche!

Nutrición Calorías 164 Grasas 9g Proteínas 12g

246. Tostada de mantequilla

Tiempo de preparación: 9 minutos
Tiempo de cocción: 11 minutos
Porciones: 4

Ingredientes:
- 1 huevo, batido
- 60ml de leche de coco
- 2 cucharadas de mantequilla derretida
- 1 cucharadita de pasta de vainilla
- ½ cucharadita de canela molida
- Una pizca de nuez moscada rallada
- 3 rebanadas de pan

Instrucciones
1. Comience precalentando la freidora de aire a 330°F (166°C).
2. En un recipiente para mezclar, combine bien los huevos, la leche, la mantequilla, la vainilla, la canela y la nuez moscada.
3. A continuación, sumerja cada trozo de pan en la mezcla de huevo; coloque las rebanadas de pan en una bandeja para hornear ligeramente engrasada.
4. Coloque el molde en la posición correspondiente de la freidora. Seleccione "Hornear" y cocine las rebanadas de pan durante unos 4 minutos; déles la vuelta y cocínelas durante otros 3 ó 4 minutos. Disfrute.

Nutrición Calorías 134 Grasas 17g Proteínas 22g

247. Churros con mantequilla

Tiempo de preparación: 9 minutos
Tiempo de cocción: 21 minutos
Porciones: 4

Ingredientes:
- 94g de harina común
- ½ cucharadita de levadura en polvo
- 187ml de agua
- 4 cucharadas de mantequilla
- 1 cucharada de azúcar granulada
- ½ cucharadita de extracto de vainilla
- ½ cucharadita de sal marina

- 1 huevo grande

Instrucciones
1. Comience por precalentar la freidora de aire a 360°F (182°C).
2. En un recipiente, mezcle bien todos los ingredientes. Colocar la masa en una manga pastelera provista de una punta de estrella abierta grande.
3. Forme los churros en cuerdas de 15 cm de largo y bájelas a la bandeja de hornear engrasada.
4. Coloque el molde en la posición correspondiente de la freidora. Seleccione Hornear y cocine los churros durante 10 minutos, dándoles la vuelta a mitad de la cocción.
5. Repita la operación con el resto de la masa y sírvala caliente. ¡Que aproveche!

Nutrición Calorías 139 Grasas 19g Proteínas 11g

248. Peras con vaina de vainilla

Tiempo de preparación: 9 minutos
Tiempo de cocción: 17 minutos
Porciones: 3

Ingredientes:
- 3 peras, peladas y sin corazón
- 1 vaina de vainilla
- 1 rama de canela
- 2 ó 3 clavos de olor
- 113g de azúcar en polvo
- 250ml de vino tinto

Instrucciones
1. Comience precalentando la freidora de aire a 340°F (171°C).
2. Coloca las peras, la vainilla, la canela, el clavo, el azúcar y el vino en el molde para hornear.
3. Coloque el molde en la posición correspondiente de la freidora. Seleccione Hornear y cocine las peras durante 17 minutos.
4. Servir a temperatura ambiente. ¡Buen provecho!

Nutrición Calorías 119 Grasas 24g Proteínas 31g

249. Tarta de coco y chocolate

Tiempo de preparación: 9 minutos
Tiempo de cocción: 22 minutos
Porciones: 6

Ingredientes:

- 125ml de aceite de coco, a temperatura ambiente
- 212g de azúcar moreno
- 2 huevos de chía (2 cucharadas de semillas de chía molidas más 4 cucharadas de agua)
- 31g de harina para todo uso
- 32g de harina de coco
- 53g de cacao en polvo
- 84g de chips de chocolate negro
- Una pizca de nuez moscada rallada
- Una pizca de sal marina
- 2 cucharadas de leche de coco

Instrucciones

1. Comience precalentando la freidora de aire a 340°F (171°C).
2. Rocía los lados y el fondo de un molde para hornear con spray antiadherente para cocinar.
3. En un cuenco, batir el aceite de coco y el azúcar moreno hasta que quede esponjoso. A continuación, incorporar los huevos de chía y batir de nuevo hasta que estén bien combinados.
4. A continuación, añadir el resto de los ingredientes. Mezclar hasta que todo esté bien incorporado. Pasar al molde para hornear.
5. Coloque la bandeja de hornear en la posición correspondiente de la freidora de aire. Seleccionar "Hornear" y cocinar durante 20 minutos. Disfrute.

Nutrición Calorías 91 Grasas 11g Proteínas 13g

250. Pastel de Manzana

Tiempo de preparación: 9 minutos
Tiempo de cocción: 36 minutos
Porciones: 4

Ingredientes:

- 12 onzas (340 g) de corteza de 2 pasteles refrigerados

- 374g de manzanas peladas y cortadas en rodajas finas
- 53g de azúcar moreno
- 1 cucharada de zumo de limón
- 1 cucharadita de extracto de vainilla puro
- ½ cucharadita de canela
- Una pizca de cardamomo molido
- Una pizca de sal kosher

Instrucciones

1. Comience precalentando la freidora de aire a 350°F (180°C).
2. Coloca la primera masa de tarta en un molde para hornear ligeramente engrasado.
3. En un recipiente, mezcle el resto de los ingredientes para hacer el relleno. Vierta el relleno en la corteza de la tarta preparada.
4. Desenrolle la segunda masa de tarta y colóquela sobre el relleno.
5. Coloque el molde en la posición correspondiente de la freidora. Seleccione Hornear y cocine la tarta de manzana durante 35 minutos o hasta que la parte superior esté dorada. ¡Buen provecho!

Nutrición Calorías 103 Grasas 11g Proteínas 17g

251. Beignets de yogur

Tiempo de preparación: 9 minutos
Tiempo de cocción: 21 minutos
Porciones: 4

Ingredientes:

- 94g de harina común
- 1 cucharadita de polvo de hornear
- ¼ de cucharadita de sal kosher
- 65g de yogur
- 2 huevos, batidos
- 28g de azúcar granulada
- 2 cucharadas de aceite de coco derretido

Instrucciones

1. Comience precalentando la freidora de aire a 360°F (182°C).
2. En un recipiente para mezclar, combine bien todos los ingredientes.
3. Deja caer una cucharada de masa en el molde engrasado.
4. Coloque el molde en la posición correspondiente de la freidora. Seleccione "Hornear" y cocine durante 10 minutos,

dándoles la vuelta a mitad del tiempo de cocción.

5. Repita la operación con el resto de la masa y sirva caliente. ¡Que aproveche!

Nutrición Calorías 99 Grasa 9g Proteína 21g

252. Magdalenas de mantequilla de cacao

Tiempo de preparación: 9 minutos
Tiempo de cocción: 16 minutos
Porciones: 6
Ingredientes:
- 94g de harina común
- 1 cucharadita de polvo de hornear
- ¼ de cucharadita de canela molida
- ¼ de cucharadita de cardamomo molido
- 85g de azúcar granulado
- 26g de cacao en polvo sin azúcar
- Una pizca de sal marina
- 1 barra de mantequilla, a temperatura ambiente
- 180ml de leche
- 2 huevos, batidos

Instrucciones
1. Comience por precalentar la freidora de aire a 330ºF (166ºC).
2. Mezclar todos los ingredientes en un bol. Rellene con la masa los moldes de silicona para hornear; colóquelos en la bandeja de hornear.
3. Coloque el molde en la posición correspondiente de la freidora. Selecciona Hornear y cocina los cupcakes durante unos 15 minutos o hasta que una prueba salga seca y limpia.
4. Deje enfriar las magdalenas antes de desmoldarlas y servirlas. ¡Buen provecho!

Nutrición Calorías 118 Grasas 16g Proteínas 22g

253. Melocotones al horno con azúcar moreno

Tiempo de preparación: 9 minutos
Tiempo de cocción: 16 minutos
Porciones: 3
Ingredientes:
- 3 melocotones, cortados por la mitad
- 1 cucharada de zumo de lima fresco
- ½ cucharadita de canela molida
- ½ cucharadita de nuez moscada rallada
- 106g de azúcar moreno
- 4 cucharadas de aceite de coco

Instrucciones
1. Comience precalentando la freidora de aire a 340ºF (171ºC).
2. Mezcla los melocotones con el resto de los ingredientes.
3. Vierta 60ml de agua en el molde para hornear. Coloque los melocotones en la sartén.
4. Coloque el molde en la posición correspondiente de la freidora. Seleccione "Hornear" y cocine los melocotones durante 15 minutos. Servir a temperatura ambiente. ¡Buen provecho!

Nutrición Calorías 97 Grasas 5g Proteínas 17g

254. Tarta de chocolate y dulce de leche

Tiempo de preparación: 9 minutos
Tiempo de cocción: 21 minutos
Porciones: 5
Ingredientes:
- 119g de mantequilla derretida
- 120g de azúcar turbinado
- 3 huevos
- 1 cucharadita de extracto de vainilla
- ¼ de cucharadita de sal
- ¼ de cucharadita de clavo de olor molido
- ½ cucharadita de canela molida
- 62g de harina para todo uso
- 25g de harina de almendras
- 5 onzas (142 g) de chispas de chocolate

Instrucciones
1. Comience precalentando la freidora de aire a 340ºF (171ºC).
2. Rocía los lados y el fondo de un molde para hornear con spray antiadherente para cocinar.
3. En un cuenco, bata la mantequilla y el azúcar hasta que estén esponjosos. A continuación, incorporar los huevos y batir de nuevo hasta que estén bien combinados.

4. A continuación, añada el resto de los ingredientes. Mezclar hasta que todo esté bien combinado.
5. Coloca el molde en la posición correspondiente de la freidora de aire. Seleccionar "Hornear" y cocinar durante 20 minutos. ¡Disfruta!

Nutrición Calorías 116 Grasas 11g Proteínas 23g

255. Gajos de manzana con canela

Tiempo de preparación: 9 minutos
Tiempo de cocción: 16 minutos
Porciones: 2
Ingredientes:
- 2 manzanas, peladas, sin corazón y cortadas en gajos
- 2 cucharaditas de aceite de coco
- 2 cucharadas de azúcar moreno
- 1 cucharadita de extracto de vainilla puro
- 1 cucharadita de canela molida
- 60ml de agua

Instrucciones
1. Comience precalentando la freidora de aire a 340°F (171°C).
2. Mezcla las manzanas con el aceite de coco, el azúcar, la vainilla y la canela.
3. Vierta 60ml de agua en el molde para hornear. Colocar las manzanas en la sartén.
4. Coloque el molde en la posición correspondiente de la freidora. Seleccione "Hornear" y cocine las manzanas durante 17 minutos. Servir a temperatura ambiente. ¡Buen provecho!

Nutrición Calorías 109 Grasas 13g Proteínas 19g

256. Pastel de calabaza con mantequilla

Tiempo de preparación: 9 minutos
Tiempo de cocción: 13 minutos
Porciones: 2
Ingredientes:
- 70g de puré de calabaza
- 119g de mantequilla de cacahuete
- 2 huevos batidos
- 1 cucharadita de extracto de vainilla
- ½ cucharadita de especias para pastel de calabaza
- ½ cucharadita de polvo de hornear

Instrucciones
1. Comience precalentando la freidora de aire a 350°F (180°C).
2. Mezclar todos los ingredientes para hacer la masa. Vierte la masa en un molde para hornear ligeramente aceitado.
3. Coloque el molde en la posición correspondiente de la freidora. Seleccione Hornear y cocine el pastel durante unos 13 minutos o hasta que esté dorado en los bordes.
4. ¡Buen provecho!

Nutrición Calorías 116 Grasas 17g Proteínas 25g

257. Bollos de arándanos

Tiempo de preparación: 9 minutos
Tiempo de cocción: 17 minutos
Porciones: 4
Ingredientes:
- 125g de harina de uso general
- 1 cucharadita de levadura en polvo
- 28g de azúcar en polvo
- Una pizca de sal marina
- ¼ de cucharadita de canela molida
- 4 cucharadas de mantequilla
- 1 huevo batido
- 60ml de leche
- 2 onzas (57 g) de arándanos secos

Instrucciones
1. Comience por precalentar la freidora de aire a 360°F (182°C).
2. Mezclar todos los ingredientes hasta que todo esté bien incorporado. Con una cuchara, vierta la masa en los moldes para hornear; baje los moldes a la bandeja para hornear.
3. Coloque el molde en la posición correspondiente de la freidora. Seleccione Hornear y cocine los bollos durante unos 17 minutos o hasta que un probador salga seco y limpio.
4. ¡Buen provecho!

Nutrición Calorías 174 Grasas 29g Proteínas 37g

258. Barras de plátano de coco

Tiempo de preparación: 9 minutos
Tiempo de cocción: 7 minutos
Porciones: 2
Ingredientes:

- 2 plátanos pelados
- 40g de coco rallado
- 1 cucharada de aceite de coco
- 4 cucharadas de azúcar moreno
- ½ cucharadita de canela en polvo
- ½ cucharadita de cardamomo en polvo
- 4 cucharadas de pasas

Instrucciones

1. Comience precalentando la freidora de aire a 202°C (395°F).
2. En la cáscara, corte los plátanos a lo largo; asegúrese de no cortarlos por completo.
3. Divida los ingredientes restantes entre los bolsillos de los plátanos.
4. Colocar las barquitas de plátano en el molde para hornear.
5. Coloque la bandeja para hornear en la posición correspondiente de la freidora de aire. Seleccione "Hornear" y cocine durante 7 minutos.
6. Coma con una cuchara y disfrute.

Nutrición Calorías 116 Grasas 9g Proteínas 16g

259. Ciruelas con anís estrellado

Tiempo de preparación: 9 minutos
Tiempo de cocción: 16 minutos
Porciones: 4
Ingredientes:

- 454 g de ciruelas cortadas por la mitad y deshuesadas
- 2 cucharadas de aceite de coco
- 4 cucharadas de azúcar moreno
- 4 clavos enteros
- 1 rama de canela
- 4 anís estrellado enteros

Instrucciones

1. Comience precalentando la freidora de aire a 340°F (171°C).

2. Mezclar las ciruelas con el resto de los ingredientes.
3. Vierta 60ml de agua en el molde para hornear. Coloque las ciruelas en la sartén.
4. Coloque el molde en la posición correspondiente de la freidora. Seleccione "Hornear" y cocine las ciruelas durante 17 minutos. Servir a temperatura ambiente. ¡Buen provecho!

Nutrición: Calorías 114 Grasas 7g Proteínas 15g

LISTA DE COMPRAS

Horneado

- Azúcar moreno
- Harina
- Canela en polvo
- Azúcar blanco
- Polvo para hornear
- Bicarbonato de sodio
- Vainilla líquida
- Estevia

Carne de res/ Cerdo

- Solomillo
- Bistec de costilla
- Carne picada
- Carne de cerdo molida
- Carne picada magra

Paneles

- Pan
- Pan rallado
- Tortillas

Condimentos

- Sal y pimienta
- Aceite de oliva
- Salsa de soja
- Vinagre de arroz
- Mostaza de Dijon
- Salsa picante
- Miel
- Bourbon
- Salsa Worcestershire
- Condimento para tacos
- Salsa para enchiladas

Lácteos

- Margarina
- Leche
- Leche de almendras
- Mantequilla

Charcutería

- Queso parmesano
- Queso mozzarella

Frutas

- Arándanos
- Limón
- Coco
- Frambuesas

Aves de corral

- Huevos
- Pechugas de pollo
- Alitas de pollo
- Palillos de pollo
- Pechuga de pavo

Especias

- Pimienta de Cayena
- Ajo en polvo
- Pimentón ahumado
- Albahaca seca
- Tomillo seco
- Pimienta roja en escamas
- Orégano seco
- Perejil seco

Vegetales

- Tomates
- Ajo
- Cebolla roja
- Pimiento morrón
- Perejil fresco
- Alcaparras
- Aceitunas Kalamata
- Lechuga romana
- Pepino
- Tomates cherry
- Judías negras

PLAN DE COMIDAS PARA 2 SEMANAS

SEMANA 1

Día 1

Desayuno: Cazuela de desayuno

Almuerzo: Pollo a la mantequilla empanado

Cena: Bistec con tapenade de aceitunas

Día 2

Desayuno: Tostadas francesas

Almuerzo: Alitas de pollo con queso

Cena: Ensalada de carne

Día 3

Desayuno: Avena de frambuesa

Almuerzo: Palillos de pollo salados

Cena: Albóndigas

Día 4

Desayuno: Huevo de desayuno y tomates

Almuerzo: Pechugas de pavo con mostaza

Cena: Enchilada de ternera

Día 5

Desayuno: Cazuela de desayuno

Almuerzo: Pollo a la mantequilla empanado

Cena: Bistec con tapenade de aceitunas

Día 6

Desayuno: Tostadas francesas

Almuerzo: Alitas de pollo con queso

Cena: Ensalada de carne

Día 7

Desayuno: Avena de frambuesa

Almuerzo: Palillos de pollo salados

Cena: Albóndigas

SEMANA 2

Día 1

Desayuno: Huevo de desayuno y tomates

Almuerzo: Pechugas de pavo con mostaza

Cena: Enchilada de ternera

Día 2

Desayuno: Cazuela de desayuno

Almuerzo: Pollo a la mantequilla empanado

Cena: Bistec con tapenade de aceitunas

Día 3

Desayuno: Tostadas francesas

Almuerzo: Alitas de pollo con queso

Cena: Ensalada de carne

Día 4

Desayuno: Avena de frambuesa

Almuerzo: Palillos de pollo salados

Cena: Albóndigas

Día 5

Desayuno: Huevos de desayuno y tomates

Almuerzo: Pechugas de pavo con mostaza

Cena: Enchilada de ternera

Día 6

Desayuno: Cazuela de desayuno

Almuerzo: Pollo a la mantequilla empanado

Cena: Bistec con tapenade de aceitunas

Día 7

Desayuno: Tostadas francesas

Almuerzo: Alitas de pollo con queso

Cena: Ensalada de carne

CONCLUSION

Fin! Ha trabajado y disfrutado con este libro. Esperamos que se hayan disipado algunos de sus recelos a la hora de empezar a utilizar su nuevo ayudante de cocina. Recuerde que todo el mundo empieza siendo un principiante; todos tenemos que aprender lo que nos funciona mejor personalmente. Cada vez que se hace un nuevo plato, se aprende más, y la experiencia crece.

La FREIDORA DE AIRE es uno de los artículos más vendidos en la última década. Ha sido utilizado por millones de personas, ayudándoles a cocinar sus comidas favoritas en minutos en lugar de horas. A lo largo de los últimos años, la freidora de aire ha sido alabada, recomendada e incluso ha recibido un pequeño testimonio. Puede que incluso sea usted uno de los millones de compradores que han adquirido este artículo. Si aún no la ha comprado, probablemente ha estado mirándola en línea en los grandes y populares sitios web o en cualquier otra tienda que la tenga. Has estado investigando cómo usarlo, y sabes que hay muchas maneras de utilizarlo.

Cuando nos regalan algún equipo o algo que podría mejorar nuestra vida, no queremos perder el tiempo en cosas que no nos sirven. Este libro le ha dado las respuestas que ha estado buscando y los conocimientos básicos que necesitará para empezar. Si usted ha estado buscando una manera fácil de cocinar comidas con menos grasa o calorías, que también es 100% más saludable con el bono de la frescura, esto es realmente la solución.

Este best-seller de la freidora de aire no sólo le ayudará a cocinar las mejores comidas en minutos, sino que también será muy fácil de usar.

Al comprar este libro de cocina, descubrirá que le ha ayudado o le ayudará a sacar el máximo partido a su compra, o a cualquier compra de cualquier cosa. Usted leerá sobre este aparato de cocina fácil de usar y fácil de limpiar tantas veces como sea necesario.

Comprobará que merece la pena tener este pequeño electrodoméstico. No es sólo para las fiestas, sino para las comidas diarias.

Está 100% garantizado que si sigues las recetas y las instrucciones, encontrarás las mejores comidas que jamás hayas comido, y también pasarás a tener un estilo de vida más saludable.

Tienes la oportunidad de limpiar tu dieta sin añadir toneladas de grasa y calorías a tu dieta. Es un pequeño electrodoméstico que trabaja tanto como usted.

Hará questus platos favoritos sepan como si estuvieras comiendo en un restaurante de alta gama. De hecho, con este libro de cocina, se sentirá como si estuviera en un restaurante de 5 estrellas porque es auténtico.

Está 100% garantizado que todo sabe muy bien, y se sorprenderá de lo bien que cocinan.

Así que, envolvamos esto y preparémonos para una nueva y emocionante vida en la cocina. Y, recuerde que una garantía de satisfacción del 100% respalda este libro de cocina. ¡Feliz cocina!